劇作をマスターする - ヒット劇を作る

インプリント

劇作をマスターする - ヒット劇を作る

によって書かれた
ナターシャ・ティレット・スレイトン

インド
2024年

コンテンツ

序文

戯曲を書きたいからここにいるのですか？すばらしい;あなたの願望を称賛します。私たちが直接会ってさらに話し合って、あなたが私たちの本の戯曲を一緒に書き始めたら、この本を買うことが本当に正しい選択だったかどうか話し合うことができるかもしれません。

この本のタイトルが示すように、あなたは成功する劇を作成する方法を私から学びたいと考えていると思います。しかし、残念ながら、現時点ではそれを提供することはできません。しかし、残念ながら、それがどのように機能するかについては私にはまったくわかりません。したがって、私は別の質問を提起します -「成功した演劇とは何ですか?」したがって、自由に黒い粘着テープを使用して、表紙全体に「成功」という文字を貼り付けてください。この本の過程のある時点で、このラベルを削除するか変更するかどうかは、私たちの集合的な理解によって決まります。探し始めましょう。

なぜ私が劇作家に関するこの本を書いたのか不思議に思いませんか?そしてなぜ私は演劇の脚本を教えることができると主張したのですか??あなたは、なぜ私が劇の脚本の作り方についてこのような本を書いたのか、なぜ私が支援できると信じているのか、と疑問に思われるかもしれません。

さて、私は 20 年近く戯曲を書き続けており、最近 48 回目の複数幕劇を完成させました。演劇の初演では、俳優から脚本に関する質問をよく聞きます。「どうやってやるのですか？私も書きたいのですが、書き方のヒントを教えていただけませんか？」

そこで私はこの本を書きました。私のやり方をお話します。以上でした。残念ながら、私の演劇が何回上演されたか正確にはわかりません。ある時点で私は努力することを諦めました。しかし、1,000 人以上が集まりました。観客と舞台は私の作品を楽しく演じなければならないので、読者に私が劇を書くために何が必要か、つまり劇を書くことについて正確に説明することができます。

楽しく専門的な方法で演劇を書く方法を学びたい場合、または執筆中にサポートが必要な場合は、ワーキンググループやセミナーに参加することを強くお勧めします。成人教育コースでもこれらを提供する場合があります。低地ドイツの劇作家のためのそのような作業グループの1つ、たとえばフェルデンの低地ドイツの劇作家のためのグループは、ここで特に役立つかもしれないが、「低地ドイツ語」という名前に驚かないでください。低地ドイツ語を使用して劇を書くことで、私たちは低地ドイツ語を維持しようと努めていますが、たとえ低地ドイツ語を話したり書いたりできなくても、それは問題ではありません。このグループで戯曲を書き終えたら、その作品を他の言語や方言に翻訳してくれる翻訳者を見つけることもできます。

フェルデン ワーキング グループのセミナーは通常、年に 2 回開催され、特定のトピックが取り上げられます。新人が参加するため、劇作の入門として短い基本コースが提供されることがよくあります。このオプションに関する情報をオンラインで見つけて、これが自分にとって価値があるかどうかを検討することができます。もちろん、まだ他の道もあるかもしれません。
劇がどのように書かれるかを探求するための作業グループや手法は他にも存在します。

この本を読んでいるとき、あなたの手は経験豊富な劇作家の教科書を握っていません。私は演劇を通じて物を書くようになり、その後多作の作家になった一人にすぎません。私がここで提供できるのは、私の経験、それらに基づいたアドバイス、ヒントだけであり、それ以外には何もありません。ただし、この本には遵守しなければならないルールが記載されていないことに注意してください。むしろ、私のアプローチについて説明することしかできません。

それがあなたにとって十分ではなく、この本に失望したと感じるなら、おそらくこの本はあなたのための本ではありません。どうか許してください;おそらく交換またはプレゼントとして贈るでしょう。カバーシートの粘着ストリップを傷めずに剥がせると交換が難しくなるのでお願いします。ただし、ヘルムート・シュミットがどのように戯曲を書くのかを学びたいのであれば、その経験を大歓迎します。
まず自分自身について言っておきますが、私は文章のルールをすべて無視していることは確かです。作家がどのように書かなければならないかを規定する法律はありません。ただし、出版用の資料を作成する際には従う必要があるガイドラインがあります。お勧めします（私はこの言葉を意図的に使用しています）、劇の執筆は次のように進めるべきです。すでにプロット（想像上の出来事の流れから予想される結末までの因果関係を定義するために使用される表現）が頭の中にあるので、何らかの形式を作成します。手動でスケジュールを作成するのが理想的です。つまり、全体的なストーリーラインがわかったら、各幕やシーンで何が起こるのかを最後まで正確に書き出してください。この段階に到達すると、ノート紙またはコンピュータ上で本格的に書き込みを開始できます。ほとんどの編集者は劇作家に、戯曲を書くときにこのアプローチを採用するようアドバイスします。そしてほとんどの劇作家は、作品を書き始めるときに確かにその道をたどります。とはいえ、私はやり方が異なります。アイデアを持って書き始めるだけです。
私の執筆プロセスは、厳密なスケジュールや展示会に従っているわけではありません。その代わりに、どの登場人物を配役するかを考えてから、何が起こるか頭の中でアウトラインを作成し、劇全体をノートに直接入力し始めます。残念ながら、作品がどのように進み、どのように終わるのか、私には正確にはわかりません。私の戯曲は書くことによってのみ形を成します。多くの場合、最初に知っているのはタイトルだけです。したがって、私の執筆アプローチを気に入っていただければ、素晴らしいパートナーになれるかもしれません。

ああ、もう 1 つ、劇団のために書くことになると、私の焦点はプロの舞台よりもアマチュアの作品に集中する傾向があります。これは編集者からよく注意されることです。それで、あなたはそこにいます。プロのステージに特化して執筆することで、いくつかの点でより柔軟に対応できるようになります。複数のセットや衣装を組み込むことができます。しかし、興味のない選ばれた少数の劇場にのみ私の作品を提供することに何の意味があるでしょうか？何年もかかるかもしれないし、おそらくアマチュアの舞台では決して上演されないかもしれない。なぜなら、それに必要な努力は間違いなく彼らの能力を超えるからである。プロの舞台の品質とレベルの要件を満たしながら、アマチュアの俳優でも簡単に遊び心のある作品を書くほうが理にかなっていると思いませんか？私はそう信じており、それが、執筆する際に主に信徒グループを考慮する理由です。どのグループにも毎年劇が必要です。私が特に尊敬するいくつかの古典を一緒に祝いましょう。これらは間違いなく、今後何年にもわたって私の人気のあるお気に入りであり続けるでしょう。「夫は海へ行く」と「家具付きの紳士」は演劇の偉大な古典です。ただし、現代劇（「夫は海へ行く」や「家具付きの紳士」など）の方がより関連性があるかもしれません。そして、低地ドイツ語で演劇を上演する劇団にとって、若い観客に届けることは特に重要です。50年代から70年代を舞台にした作品ではそうはいかないかもしれない。
今こそ、演劇の歴史を紹介し、アリストテレスが述べた演劇の中核的特徴の概要から始めたいと思います。演劇の主な特徴は対話主導のアクション表現であり、物語叙事詩とは区別されます。このトピックについて書かれた本が何冊もあるかもしれませんが、その代わりに、そのルーツを見つけるためにセミナーに耳を傾けたり、オンライン情報源にアクセスしたりすることをお勧めします。

まだコラボレーションを受け付けていますか？歓迎します。もしかしたら成功するかもしれない初劇の制作に向けて、この道を一緒に歩んでいきましょう！お手伝いできることを楽しみにしています。私は幸せです。

第 1 章 - すべてはどのように始まったか

実家から約25キロのところにあるディスコで、1984年から1991年まで週末にディスクジョッキーとして働いていましたが、そのディスコは今はもう存在しない小さな村のディスコの1つでした。そこで私はC.C.のシングルレコードをかけました。リチャーズのほか、ジョニー・スタイン（残念ながら現在は存在しません）などの他の作曲家がこのディスコのために特別に書いた曲もあります。その夜、スピーカーからはキャッチ、モダン・トーキング、そしてU2、クイーンが流れていました。私は各トラックを演奏してゲストを興奮させながら、各アーティストや曲についての情報をマイクを通してゲストに提供する責任を負うDJの一人を務めました。ダンスはとても楽しかったです。よく踊る人には飲み物が必要です。賢いビジネス戦略！毎晩、私はいつもジョイの「タッチ・バイ・タッチ」を自分の選んだ曲として望んでいたエーデルトラウド・トレイのような若い女性たちの音楽リクエストを満たすことができました。ここでエーデルトラウド・トレイが私の人生に生まれました。ある時点で、エーデルトラウドは私に、彼女はアマチュアグループの演劇に参加していて、その初演がもうすぐだと告げました。私も参加し、彼らのパフォーマンスを本当に楽しみました。ほぼ1年後、エーデルトラウドはメンバーの1人が脱退し、できるだけ早く再会したいと切望していると私に告げた。

エーデルトラウトが「若い」人を望んでいたので、私はライダーラントのシュタペルモール劇団に参加して、エーデルトラウトの若い恋人を演じることにしました。常に自分の役をしっかりとこなし、演劇を心から楽しんでいます。しかし、2年目以降、スポルバースが選んだ作品の多くがあまり現代的ではないことに気づき、他の劇団や彼らがどのような作品を上演しているかを調べ始めました。レーアを中心に活動する 20 の劇団の間で、その多くが伝統的な、あるいは古典的な 1950 年代スタイルの演劇を上演しました。当時、私と友達は低地ドイツ語でプレーしていました。当時、親から標準ドイツ語しか聞いていない子供たちが増えたため、幼稚園や学校でこの言語をもっと推進する必要があることがすでに明らかになっていました。アマチュア演劇グループで低地ドイツ語を宣伝する最善の方法を考えたとき、50 年代や 60 年代の古い作品を単に上演するだけではうまくいかないことに気づきました。演劇が意味を持ち続けるためには、今日も演劇が存在しなければなりません。演劇と低地ドイツ語に若者を惹きつけることが特に重要でした。私は　1989年に私の劇団で「Funfair in 't Dorp」のリハーサルをしました。面白い瞬間がいくつかありましたが、それ以外は単なる 60 年代の農民コメディでした。同じ年の夏、私はオリンピアのタイプライターを使い始め、自分の戯曲を書こうとしました。当時は最低限のゲーム経験しかなかったのですが、最初の作品として、近づいてきた銀婚式を題材にした作品を書きたいというのが目標でした。彼女は盛大なお祝いをしたいと思っています。彼は数週間失業していますが、この刺激的な節目での妻の喜びを台無しにしないように、妻に自分の運命を隠して毎朝家を出ています。私のプロットは、このお祝いの費用を支払う方法を見つけることを中心に展開していました。したがって、三幕劇「トゥー・ボーイズ・トゥー・メニー」が創作されました。1989 年の夏の終わり、最初は恥ずかしさを感じながらも、私の作品は完成しました。エーデルトラウドの支援のおかげで、それ以来何度も上演され、大成功を収めています。

Diedrich Wessels はゲーム ディレクターでした。彼は、それは長すぎるので大幅に短縮する必要があると述べた。私は彼と一緒にこの作品に取り組み、1990 年 2 月にスタペルムーアの私たちの劇団で初演しました。ほぼ常に満席の観客の前で上演されました。それは成功した劇だと思いますか?

2018 年は前年とどう異なりましたか?私はそうは信じません。アマチュア劇団のメンバーが初めての作品を書いていることを知り、人々がそれを観てみたいと思うとき、それはまったく正常な反応です。これは成功を反映するものではありませんが、それでも良い評価を得ています。笑いを念頭に置いて、「フラット」になりすぎないコメディを書いたので、この作品がどこで見られるかを知りたいという問い合わせが各段階からすぐに来ました。したがって、出版社を探す必要があります。私たちの劇団がフェルデンのカール・マンケから演劇を購入していることは知っていましたが、低地ドイツの演劇に関しては依然としてドイツを代表する出版社であり、多くの有名な古典が出版されているフェルデンにあるので、私は自分の作品を提出し、そこで受け入れられることを望んでいました。しかし、数週間が経過した後、原稿が返送され、このままでは出版できないため、出版する前に手を加える必要があると告げられました。さらに、私はフェルデン作業部会を訪問するよう招待されましたが、これには憤慨しました。数週間前にスタンディングオベーションを受けた信じられないような劇で主役を演じたのに、なぜ同じ人たちが自分で作品を観てもいないのに私の作品が十分に良くなかったという手紙を私に書いてくるのか、意味がわかりません。

今日ではそれについて笑い話にできます。しかし、私の言葉を信じてください。同じことがあなたにも起こる可能性があります。最初の作品が出版に受理された後、私はディーター・ヨルシックのワーキンググループの一員になりました。そこで教えられたことは後悔していません。教えられた内容はその後の作品の質とレベルに多大な影響を与えましたが、私たちはその意見にしばしば意見が一致しませんでした。(時には非常に強く!) 私は簡単に脅迫されない人間として、作品が完成した後、何かを編集したり変更したりするのを待ちたくありませんでした。代わりに、私は決断を下すことに衝動的で、最初の作品が完成したらすぐに作品を出版したかったのです。完成しました - ディーター・ヨルシックが、時には不快な思いをしながらも、忍耐強く取り組んだことで可能にしたものです。何かを編集したり変更したりするときは、相変わらず反抗的でした（作業グループで議論した後の作品の改善に大きな影響を与えた場合でも）。ディーター・ヨルシックは、これらの点で非常に貴重なことを私たちに教えてくれました。　（意見が合わないこともよくありましたが！）　時々頑固で頑固になって後から編集することもありましたが！しかし、何かを急いで始めてすぐに新しいものを書いた後、完成後は明らかにすぐに出版され、何の変更も必要ありませんでした。もちろん、編集プロセスを開始する前にもう一度読み直すことを意味します（気にしないでください...）。

すでにさまざまな団体から問い合わせが来ているのですが、どうすればよいでしょうか？私は別の出版社を探して、そこでエッセイを録音しました。ただし、それらも少し編集されています。それが完了すると、私の自信は急速に高まりました。したがって、私はすぐに次の作品を始めることになります。その結果、最終的にはさらに多くの作品を書くようになりました。突然、私は非常に多作な作家になりました　-そう、一部の編集者は違う考えを持っていますが、私にとってはそうではありません。あなたがさらに作品を制作するときに、私の作品を集中的に修正する必要はありません。私は違うと思います！

そうですね、すべては 1990 年に起こりました。そして今、私はこのタイトルで 48 回目の複数幕劇を上演したところです。「1 つの乳房に 4 つの手」。- 脚本どおり。

時間が経つのが過ぎていく...

しかし、まず最初に、なぜ戯曲を書きたいのかを慎重に尋ねさせてください。この時点で成功についての話はさておき、私たちはお互いのことを知りませんし、あなたの経歴についても、それが作家として適しているとは思えません。パニックにならないでください。文章を書くのに博士号も、特別な訓練も、卒業証書も必要ありませんが、私自身はもちろんそれを持っていませんでした（ですから、私たちはお互いにゼロからスタートします！）。それで、あなたは誰になろうとしているのでしょうか？

以下にいくつかの例を示します。

あなたは 40 代前半の男性で、不動産業者として働いています。既婚で 3 人の子供がいます。自由時間には男子シニアチームのサッカーをしていて、最近妻に説得されて、彼女が参加していたアマチュア劇団に参加しました。何年もの間、本当に楽しんでいて、今はとても興奮してスリルがあり、戯曲を書くことが自分でも挑戦してみたいと思うようになりましたか？ - わかりました。

想像してみてください。あなたは 50 代後半、または退職早々の独身女性で、家では退屈を感じていますが、時々演劇イベントに行くのが好きで、こう考えています。「この著者が書き留めたことはきっと私にもできるだろう?」- 受け入れました。

20代前半は、どのようなキャリアを歩むべきか不安でいっぱいです。あなたは熱心な読書家で、学生時代からドイツ語とエッセイを得意としていますか？　-　素晴らしい。あなたは演劇に情熱を持っていますか？ - 素晴らしい。

共感できる例はありますか?年齢、訓練の種類、書きたい理由に関係なく、重要なのは、演劇とそのテーマに興味を持っているかどうかにかかわらず、あなたの文章が内側から出てくることです。そして何よりも、劇作家としてこの仕事のために十分な時間を確保しなければなりません。私はパートタイムの仕事から始めて、今でもこの習慣を続けています。このアプローチはまったく問題ありません。ただ、起きているすべての時間を執筆のために活用するようにしてください。

本質的に、書くことはあなたにとって楽しいものでなければなりません - 読書はさらに良いです　-　劇場に行くのと同じです。以前に舞台に立ったことがあり、たとえアマチュアの舞台であっても、自分でいくつかの役を演じることで、自分自身が作家になるための準備がはるかに良くなります。私自身もこの取り組みを始めたときにそうでした。

書こうと思った動機は分かりませんが、もしかしたらある芝居でイライラしていて、それを変えたいと思ったのでは？おそらく確立された舞台で、楽しませることができなかったパフォーマンスを見たことがありますか?または、劇団の観客に、前年よりも優れた作品に気づいてもらいます。あるいは、作品全体と自分の役割の両方に不満を抱いていたことさえあります。それで、それを改善したいですか？なぜだめですか？ -

楽しくて、フルタイムの仕事の一部として追加収入が得られるから戯曲を書いているのでしょうか？ - それもすごいですね。動機が何であれ、本当に重要なのは、ドラマチックなものを書きたいという自分の中に根深い欲求を満たすことです。重要なことは、理由の背後にある動機に関係なく、単に自分にとって意味のあることを行うことです。

まだそこにいますか、準備はできていますか？（わかりました。）。ということで、続けてみましょう。多くの人は、書くことは遺伝するものだと信じています。文章を書く能力がある人は、学問だけでそれを身につけるわけではありません。彼らの才能には遺伝的なものがあるに違いありません。 [そのような人は]、「ああ、もし誰かが文章を書けるなら、それは自分自身の奥深いところから出てきたに違いない。そこにすでに才能がなければ学ぶことはできない]と考える傾向があります。」しかし、それが真実である必要はありません。十分なサポートがあれば誰でも学ぶことができます。[そのような人はよく信じます] [...] しかし、学ぶことは可能です!」その人々は次のように考える傾向があります。

10 歳、小学 5 年生のとき、母は私が苦手だった学校の作文をよく書いてくれました。よくあるのは、「私の最も美しい休日の経験」や「雷雨」などで、教師の指示に従いました。この種の物語的なエッセイは私にとって難しかったです。私の母はこの点で優れていました。 20 分で彼女は私のために美しい作文を書き上げ、学校で常に良い成績を収めることができました。ママ、ありがとう！残念なことに、私が文章を書くことに興味を持ち始めたのは、25 歳の大人になってからでした。

劇作家になるための具体的な要件を定めた法律は存在しません。ただし、次の基準の一部またはすべてを満たしていれば、劇作家としてのキャリアは順調に進むはずです。

あなたは、他人と話すことも聞くことも含めて社交を楽しむ人ですか?

世界や地域の出来事の最新情報を入手したり、新聞や小説を読んだり、演劇、映画、オペラ、コンサートや講演会などの文化イベントに参加したりすることが好きですか?

あなたは、テレビで映画だけでなく、さまざまなトークショー、レポート、シリーズを時々見るのが好きな方ですか?映画がどのように終わるかを途中で予測できますか?

これらの点の一部またはすべてに「はい」と答えることができますか?さて、何を待っているのでしょうか？

もちろん、パッドと鉛筆を買って書き始めることもできますが、今日では手書きの原稿を投稿資料として受け入れてくれる出版社はありません。現代では、コンピューター、記憶媒体、Word などのワープロ プログラムがなければ、文章を書くことはもはや不可能かもしれません。出版される劇作家プロジェクトには「Word」を使用することを強くお勧めします。 Microsoft のテキスト キャプチャおよび編集ソフトウェア。出版社もこれに依存することがよくあります。最適なパフォーマンスを実現するために、専門小売店は最新バージョンを提供しています。このプログラムの購入には約 100 ユーロかかりますが、その利点は単にコンピュータにテキストを入力するだけではありません。ノートブックユーザーにもメリットがあります。長年ノートブックだけを使って仕事をしてきたことで、柔軟性という利点が得られました。どこにでも持ち運べ、必要なときにいつでもデバイスを使用できます。ハードウェア （ノートブック） とソフトウェア (Word) の両方が準備が整い、思いついたアイデアを取り込む準備が整いました。このプロセスが速すぎて好みに合わず、コンピューターを使用せずに作業することを好む場合、このアプローチのペースが速すぎると思われる場合は、パッドと鉛筆を使用して開始することも効果的かもしれません。今後は、必要に応じてメモを取るために、小さな小冊子とペンを常に持ち歩くことになります。ただし、最終的な作品はコンピュータに取り込む必要があります。したがって、初日から使用に慣れることが賢明です。

まずは、書くのに最適なスペースを見つけることから始めましょう。一部の著者は、それは机が置かれた空の部屋でなければならないと主張します。ただ後ろのドアを閉め、周りのものを脇に置き、完全に集中して書き始めてください。
まあ、一部の作家がそのように書いているとしても、それは何も問題ありません。しかし、この方法でのみ執筆が可能であると示唆するのは完全にナンセンスです。自分に語りかけられる空間を見つけて、その場所や見た目を他人に指図させないでください。十分な照明と居心地の良い雰囲気が特に重要だと思います。確かに私には机のあるオフィスがあります。しかし、私はリビングルームでソファーに寝転んでノートを太ももに当ててインスピレーションが湧くのを待ちながら書くことも楽しんでいます。完全な沈黙も必要ありません。美しい音楽が集中力を高めてくれます！ Chris de Burgh の文体は、天気の良い日に外で書くときに特に感謝しています。屋外のテラスや公園のベンチに座って、電車での長い移動中に書くのも楽しいです。飛行機の中でもよく書きます。ノートを持ってカフェに座り、人前で文章を書くことを楽しむ作家もいます。このアプローチが気に入ったら、ぜひ試してみてください。すべてが可能です。

書くことに関して言えば、場所は完全にあなた次第です。最もリラックスできる快適な場所を見つけてください。ただし、他の人が頻繁に邪魔したり邪魔したりしないようにしてください。これで集中できるはずです。家族がいる場合は、執筆のために中断されない時間が欲しいことを事前に伝えてください。書く時間帯
準備が整い、書く意欲が湧いたらすぐに、思い切って書いてみましょう。大切な人が亡くなったために、気分が悪くなったり、意気消沈したりしているときは、書かないでください。気分が回復するまで 1 〜 2 日待ってから、再び書き始めてください。親しい友人の一人を失うなど、何かがあなたを深く動揺させた場合、書くことで慰められることがよくあります。
愛する人が亡くなったり、もっと重大で厄介な出来事を経験している場合、おそらく書くことは不可能です。このプロセスには数週間または数か月かかる場合もあります。わざわざ試してみる必要もありません。

嫌な気分を紛らわすためだけに無理に書くのは効果がありませんので、やめましょう。ましてやそれを選択肢として考えるのはやめましょう！
ライターがどれくらいの時間執筆すべきかについての明確なルールはありませんが、生産的な作業には、一度に 1 〜 2 時間 (つまり、約 1000 ワード) もあれば十分です。月に 1 回しか書かないでください。スレッドを再び見つけるのが非常に難しくなります。代わりに、仕事に集中してください。入力していないときは、自分の作品について考え、他の人と話し合ってください。何も入力しなくても、さらなる開発のためのアイデアが浮かぶこともよくあります。これまでにすでに書かれていることを認識し、次に何が起こるか（シーン、行為）を予測してください。ご都合の良いときに、たとえ数日間であっても、いつでも自由に休憩を取ってください。休憩中も大歓迎ですので、連日でもお気軽にどうぞ！
劇作家たちは、戯曲を書くのに 2 年かかると私に話してくれたことがあります。通常、20 ページ書いてから 3 か月間放置し、3 か月後に戻ってきてさらなる作業を行うのが一般的です。数か月を経てようやくラフ版の形が完成すると、さらに何度も作り直す。
このニュースを知ったときの私の驚きを想像してみてください。そんな取り決めは決して頭に浮かびません！しかし、書くことが私たちの共通の情熱であり続けるなら、人生はあっという間に過ぎていくので、このことは忘れてください。
それで、これまでのことはすべて話し合ったでしょうか？素晴らしい。- それでは、すべての準備ができたので、仕事に取り掛かりましょう?あなたのコンピュータやノートブック、少なくともパッドとペン、そして理想的な作業スペースは準備できていますか?今は私たち全員にとって絶好の時と場所です。やってみましょう - 今のところはそれで済むはずです。
準備は完了し、いよいよ本題の初舞台に取り組みましょう！

第 4 章: アイデアとアクション

あなたの遊びは基本的なアイデアから始まります。通常、これは、ステートメントではなく質問を提起する 1 つの長い文で説明できます。通常、ここから登場人物とプロットが有機的に形成されます。たとえば、次のようになります。
「想像してみてください。婦人科医が 45 歳の女性を妊娠していると診断しましたが、同じ日に彼女の娘が同じ姓で採血に参加し、何か問題が発生した場合、結果はどうなるでしょうか?」(成功の秘訣)
彗星が数週間以内に地球に衝突し、おそらく地球上の全生命を滅ぼすであろうというニュース報道があったとき、ドイツで最も裕福な家族の一つはどう反応するだろうか？ *(Pyramids of Time)ミュージカルは現在開発中です
「失業中の男性 2 人が女性向けのエスコート サービスを提供し始めたらどうなるでしょうか?」*(シェ アンドレへようこそ)「ホームレスの 2 人が島にある放棄された別荘を冬の間避難場所として使用していましたが、この家は売却されています。」そして家族が引っ越してくる」*(ハイデヴェーグ第11番)
アマチュア化学者が汗の臭いを完全に除去することを目的とした血清を作成し、自主被験者を対象にテストを実施します。」※ (狂った教授)。
*これらの基本的なアイデアからインスピレーションを得た私の作品のタイトル。わかりましたか？通常、アイデアには 1 つの文だけで十分です。書き留めることも役立つかもしれません。アイデアはいつでもどこでも思いつくことができます。たとえば、1991年にレナーテとステファン・ブロメルハウプが私たちの職場で結婚したとき、彼らは数か月前に集中的な結婚式の準備についてすべて私に話してくれました。私はオブザーバーとして彼らの式典に教会に座って見守っていました。

その質問に対する答えを知っていますか?劇中では、結婚式の準備から実際の結婚式まで、ハプニングが起こる可能性のあるすべてのことが起こります。これにより、視聴者に愛される素晴らしいコメディが生まれます。
それが、この曲がこれほど頻繁に演奏される理由の一部だと思います。ほとんどの視聴者は、家族の結婚式を少なくとも 1 回は目撃したことがあります。この演劇を見る前に、または自分自身の。最も美しい日 (そうでないこともあります!!) を思い出に残るものにするためには、綿密な準備が必要です。それでも、物事がうまくいかない可能性はあり、それがステージ上で見られるとさらに大きなドラマになります。そして、誰もそれを直接体験したくないので、観客はそのような描写がステージ上で目の前で展開されるのを見ることに感謝します。
ドラマツルギーがどのように機能するかについて別の例を紹介しましょう。あなたの文章に、数ページ後に釘付けになったり、ハラハラしたりする瞬間が欠けている場合、その作品は劇的なものとしては認められません。葛藤や緊張なしには劇は機能しません。

凡庸さを構築せよ！これは演劇を学ぶ素晴らしい方法です。この 2 段階のプロセスは完璧に機能します。注意してください！
縁日の若い女性が、ゆっくりと回転する空の観覧車を眺めています。

このテーマとそのドラマは興味深く、魅力的だと思いますか？おそらくそうではありません。その場合、この場面を想像するとすぐにどんな疑問が頭に浮かびますか？

この写真の女性がなぜフェアに一人でいるのか説明できる人はいますか？観覧車に乗って楽しむことを考えているのでしょうか？ 私の質問はほぼ終わりに近づいています... 博覧会で空の観覧車を見るのは非常に退屈な場合があるので、これ以上知りたくありません。それとも、答えは必要ですか?!?!?
それでは、その文を拡張してみましょう。
見本市に来ていた若い女性が、満員で回転する観覧車を眺めていたところ、突然誰かがゴンドラの 1 つから 30 メートルの高さから転落してしまいました。おお！それは劇的です！
そして次の疑問が生じます：なぜあの人はゴンドラから落ちたのですか？事故か殺人だったのか？このゴンドラには誰が乗っていましたか？一緒に座っている若い女性も含めて...劇的な瞬間を理解するのに役立つ別の例が必要ですか？ - はい、お願いします！
若くて幸せなカップルは結婚したいと考えています。どちらも「バージニア的に」やりたいと思っています。
まあ、それは最近では型破りに思えるかもしれませんが、それは各人が決めることです。この文からどのような疑問や疑問が生じますか？おそらく 1 つは、なぜ二人とも結婚式まで延期したいのかということです。私たちはこの考えを拡張します。
結婚式の直前、不幸な若いカップルが妊娠を知らずに結婚を決意するが、その直後、若い女性が妊娠していることが判明する。言うまでもなく、現在、関係者全員にとって、答えよりも疑問の方が多くなっています。
ぜひこのような文章でドラマツルギーや刺激的なポイントを生み出してみてください。本当に効果的です。さらに、あなたのアイデアがあなたの作品に反映されるかもしれません。最初の作品が何についてのものであるべきか、すでに考えていますか？
この原則は、コメディ、犯罪小説、演劇、ミュージカルのいずれを書きたいかを決めるのに役立ちます。また、スケッチを書くか、一幕劇か複数幕劇かを選択するかどうか、またどの言語で書くかにも留意してください。
当時、私はすぐに多幕劇を始めて、それ以来コメディだけに集中してきました。この本の目的上、長編コメディについて説明します。標準ドイツ語が私の推奨言語であるため、低地ドイツ語でも作品を出版することで高地ドイツ語に翻訳または翻訳された場合は機能する可能性がありますが、出版社は通常、あなたの劇や小説をオランダ語、スイスドイツ語、ドイツ語などの他の方言に翻訳する権利も受け取ります。他の）。低地ドイツ語はまだすべての人が流暢に話せるわけではないため、代わりに標準ドイツ語を使用して記事を書きます。ただし、低地ドイツ語は再度翻訳される前に高地ドイツ語に翻訳できるため、初稿を低地ドイツ語で書く必要がある場合は低地ドイツ語でも問題ありません。私たちが作品を書くことに決めない限り、再度翻訳される前に、代わりに高地ドイツ語ですべてを書きましょう。

演劇の最初のアイデアはどこからもたらされるべきではありません。脱税で刑務所に入り、親戚に再び軍隊に行くと告げたものの、後で船が沈没したというような間違いを書いてはなりません。また、ドレスリハーサルと初演を伴う演劇を上演する劇団についても書いてはいけません。1 幕の中でさまざまなシーンが起こり、ユーモラスな結果が得られます。

演劇愛好家はすでにこれらのコンセプトを認識しています：「夫は海へ行く」と「何もしない」。これらに似たものを書くと、他の作者が権利を主張する問題が発生する可能性があるため、独自のアイデアを作成するのが最善です。すでに存在するものを盗作するのではなく、作品を作り、その観客を自分で見つけることは、すでに世に出ている何千もの舞台劇がすでに書かれている中で、2008 年以降に何か新しいものを生み出す可能性のあるトピックやアイデアは何でしょうか？

まだ十分に活用されていないアイデアは何ですか？

基本的なテーマはすべてすでに検討されていると信じている場合、完全に間違っていると非難する人は誰もいないでしょう。これらには、相続、宝くじの当選、子供の誕生、失業や破産などが含まれる可能性があります。

これらすべての要素はすでに存在していますが、適切な組み合わせによって、何か新しいものが現れ、比類のない作品が生まれます。それを達成できるかどうかはまさにあなた次第です。

インスピレーションを求めるときは、心を開いて想像力を働かせてください。たとえあなたのプロットが映画や小説などの別のソースから来ているとしても、それはインスピレーションとしてのみ受け取られるべきであり、劇として出版するために対話形式で直接コピーされるべきではありません。クリエイティブな側面を満喫して、自分で何かを考え出してみましょう。

それでは、最初の作品のアイデアを考えてみましょう。「今でも街角の商店を経営している70歳の女性は、子供たちによって老人ホームに強制送還されるべきだ。」これについてどう思いますか。これに応じて、すぐにどのような連想や質問が思い浮かびますか？まず本を閉じて、このステートメントについて深く考えてから、頭に浮かんだことを書き留めてください。それから、この考えをさらに読んで、自分自身に同様の質問がないか確認してください。私はそのような質問を自分ですぐに　5つ思いつきました。

なぜ子供たちは母親を強制送還しようとするのでしょうか？

この店はどうなるのか、そしてその子供たちは店で何をするつもりなのでしょうか？
母親はどのように行動していますか - 他の人たちと計画を立てていますか？
最後に、老人ホームの費用はどのように支払われるのでしょうか？

私の考えはあなたの考えと一致しましたか？　- このトピックは魅力的だと思いましたか?そうであることを願っています。このアイデアは私のものですが、これについてはまだどの作家によっても戯曲は書かれていません。
このトピックの内容に関しては、大きな混乱はありません。確かに、介護施設や老人ホームをテーマにした演劇はあります。　1つはちょうど昨年の夏にハンブルクのオーンソルグ劇場で「Atschuss　mien　Leeve」というタイトルで上演されたもので、古典でもそれらが大きく取り上げられています。しかし、私たちは老人ホームを舞台装置としてではなく、背景として使用して独自の作品を作成します。
作品を開発する最初のステップとして、最初に行うべきことは、それをいつ行うべきかを特定することです。ここでは完全な自由があります。現在から 1970 年代までの任意の期間を選択してください （アマチュア劇場ではこれが難しいかもしれません）。ただし、この時代のアマチュア演劇作品を上演する場合は、衣装、舞台デザイン、言語、通貨のすべてがそれに応じて一致する必要があります。何十年もの衣装や舞台デザインなど、パフォーマンスの際には特別な注意が必要です。アマチュア演劇は、プロの舞台よりも作品自体を上演する際にこの点で苦労する傾向がありますが、それでも20〜30年前倒ししてこれを行う人もいます。これはアマチュア演劇作品では決して起こらないことです。そこで、私たちは　2008　年から共同作業を開始することに合意しました。それでよろしいでしょうか?残念ながら、私の作品のほとんどは当時と現在の間に作られたものであり、私の作品も一般的にその時代には存在しないため、これ以上のものを提供することはできません。
ドイツの変化のスピードが遅いため、2008年からこの作品を大幅な修正を加えずに再度発表することは可能だと思います。　2015　年になっても、それは依然として関連性を持っているはずであり、今後も起こる可能性があります。私の言葉を鵜呑みにしないでください。計画通りに起こる可能性があるので安心してください。世界は常に変化しています。特にテクノロジーは信じられないほどの進化の力であり、時々私を心配させます。今日携帯電話を購入すると、早ければ明日までに携帯電話が廃止される可能性があります。しかし、演劇の場合は、改変せずに 10 〜 20 年はプレイできると期待するのが一般的です。10 年前に書いた作品で私が観察したことですが、通貨がドイツマルク　(DM)　からユーロに移行したにもかかわらず、ほとんど変わらず残っています。したがって、あなたの作品は、かなり長い間視聴者に楽しまれ続けることができます。
知るか;おそらく50年後にはこの映画は不朽の名作になるでしょう！

第5章: 舞台美術

ここで舞台設計に取り組む必要があります。長年にわたり、私は舞台デザインに多大な努力を注ぐ数多くのアマチュア演劇グループに出会ってきました。視聴者に何か特別なものを見せる機会だと考える人さえいます。しかし、自発的に複雑な舞台セットを選択するグループはほとんどありません。さらに、多くの人は複数の舞台セットを見せることを避けます。一部のグループではこれは不可能ですらあります。おそらく、劇を書くある時点で、1つのセットだけを使用してすべてのアクションを表示する必要が生じるでしょう。私はそれを直接経験しましたが、まったく無害であることがわかりました。いくつかのアマチュア劇場は実際にこれをうまくやっています。プロのアンサンブルは回転ステージを問題なく使用するかもしれませんが、私たちの焦点はアマチュアのステージにとどまるべきです。すでに持っているアマチュア劇場はどこですか?作品が広く読まれ、頻繁に上演されることを望む場合は、複数の構成要素を含む複雑なセットを避けてください。たとえあなたの作品が劇団に評価されていたとしても、劇団は舞台セットをすぐに変更する柔軟性を持っていますが、まったく異なるイメージは彼らを躊躇させる可能性があります。

さて、どのようなステージセットを使用すればよいのか疑問に思われるかもしれません。これを作成するための選択肢は広大です。天国か地獄の 2 つは良い出発点です。後者のオプション要求の場合は、この段階の設定をそれに応じて説明します。レストラン、パン屋、庭園、教会、キャンプ場、テラスなどの場所を設定候補として検討してください。あるいは、待合室、売春宿、クラブハウス、病室、建設現場なども適切な選択肢となります...
「階段の吹き抜けのゴシップ」や「家具付きの紳士」などの古典的な映画で誰もが知っているように、廊下は素晴らしい環境になります。ストーリーを書いていて、キャラクターの舞台を宇宙や月など、特定の場所に設定したい場合は、どのセットでも問題ありません。すべての俳優がこのステージ セット内に映っている必要があることに注意してください。
ここはほとんどの登場人物が集まる場所であるため、作家は通常、物語の舞台設定としてリビングルームまたはキッチン兼リビングルームを選択します。リビングルームとキッチン兼リビングルームがアパートの中心であるため、これは当然のことです。したがって、舞台セットとしての使用が自然かつ現実的になります。一戸建て住宅のトイレは、舞台装置としてはさらに不適切であるように思われます。これ以上普及しないのも不思議ではありません。- ただし、いくつかの個室と洗面台を備えた大きなトイレ (ホテルやレストランのバスルームなど) を舞台セットとして使用することに反対するものはありません。私はこれまで一度も見たことがありませんが、それが気になる場合は、遠慮しないでください。気になる場合は、まったく構いませんので、お知らせください。

さまざまなステージデザインに魅了されませんか？　-　並外れた舞台デザイン、あるいは作品の各幕ごとに異なる舞台デザインに興味がありますか？よし。では、あなたの作品の第 1 幕は売春宿、次に建設現場の第 2 幕、そして宇宙の第 3 幕になるかもしれません。私はそれにはアドバイスしませんが、これにはあなたの要求を実現できるプロの舞台建築家が必要になるため、実験することをお勧めします。アマチュアグループには能力が低いものです。プロの建築家と比べて、それぞれの行為に　3　つの固有のセットがあり、別々の建築スタッフが必要になります。では、それがあなたに何をもたらすでしょうか？　-　そして、おそらくそれから結果が得られるでしょう...では、アマチュアグループがこのようなことを試すことよりも、複数の舞台装置の設計から何が得られるでしょうか...?　-　アマチュアはこのような複雑なセットを敬遠します。
今度は最初の作品の舞台デザインを決める必要があるのですが、どれを選べばいいでしょうか？選択肢の 1 つは、女性とその子供たち、そしてこの小さな店を舞台として焦点を当てることです。彼女が主要な役割の 1 つを演じる可能性が高いことを考えると、理想的には、この設定は、完璧な舞台セットとして機能する可能性があるため、この人物が頻繁に時間を過ごす場所、たとえばあなたの店の場所で行われる必要があります。ただし、次の要素を考慮してください。これを行う前に次のことを念頭に置いてください。
設備の整った店舗を展示するには、グループにとって多大な労力が必要です。おそらく食べ物や小道具が必要になるでしょう。もし女性が老人ホームに入らなければならなくなった場合（彼女の子供たちが老人ホームに入れるかどうかはまだ分からない）、その後その店はどうなるのか。開発次第では、別の事業として再びオープンする可能性があります。
舞台美術には時間と労力がかかるので、この作品はこの女性のキッチン兼リビングルームに置き、背景にお店に直接つながる間接的な通路を置くことを提案します。これは非常に見栄えが良く、視聴者は直接見なくても想像することができます。申し訳ありませんが、イートインキッチンに戻ります。しかし、ここではこの解決策が理想的であるように思えます。同意しますか？素晴らしい。

いかなる劇の冒頭でも、作者はその舞台デザインを説明しなければなりません。舞台セットのデザインだけでなく、観客には見えないが、何が起こっているかにとって重要な部屋についても念頭に置く必要があります。ただし、これらについて説明する必要はありません。すべての舞台設定には入り口と出口が必要です。この場合はドアです。どこに配置されるかは作品によって異なります。それが問題でなければ、説明にその旨を書いてください。店舗につながる大きな通路が、外部からの気を散らすものを避けるために、後方、つまり後壁に向かって配置されるようなステージデザインを想像してみてください。その右側には直接外に通じるドアがあります。その左側には他の部屋につながるもう1つの部屋があります。キッチン、ベッドルーム、バスルーム）主人公は常に店、キッチン、または家の外にいるわけではありません。したがって、左側のドアは、主人公の住居の他の部分への入り口として完全に理にかなっています。したがって、現在 3 つのドア (または 2 つのドアと 1 つの通路) がある場合、窓が依然として必要か、それとも望ましいかを判断する必要があります。ウィンドウは常に視覚的な面白さを加えます。ただし、作品にその目的が重要でない場合（誰も外を覗き込む必要がない、窓から逃げられないなど）、単純に省略するか、舞台デザインに任せてください。

あなたの規模と可能性に基づいて、ステージデザインは社内であなた自身で処理される場合があります。執筆または創造的なプロセスで、舞台デザインにも不可欠な、窓やそのフレームを使った遊び心のあるアイデアが浮かんだ場合、これは必要です。ただし、劇団のセットデザイナーに、劇に実質的または必要のない詳細を強制しないでください。それは単に、より創造的な文章を書くことができるからです。
その考えを頭の中で考えてみましょう。私の提案には窓は必要ありません。店に戻る通路のある 2 つのドア (左右) があれば十分です。

目標が明確になったので、部屋をセットアップしましょう。できるだけ詳細を提供してください。ただし、グループが独自のアートワークを作成できるよう十分な余裕を残してください。作品に不必要な詳細は含めないように注意してください。ゲームディレクターでありステージビルダーとして、あなたがアッシュグレーのソファが部屋の中で目立つと表現するなら、私はなぜその特定の色があなたの作品にとってそれほど重要なのか知りたいと思うでしょう。したがって、たとえそれがまったく関連性がないとしても、それがあなたがそれを思い描いている方法であるという理由だけで、このようなものを除外してください。あなたの劇が出版され、上演されるとすぐに、その劇のいくつかの作品を目撃することになるでしょう。それぞれの作品は、舞台デザイン要素も大きく異なります。リクエストを行う前に、ステージ　デザインのニーズの一部として作品をサポートおよび強化するコンポーネントを必ず検討してください。家具は各キャラクターに合わせて配置する必要があります。私たちの劇には年上の女性（ここではレディXと呼びましょう）が決まっているので、彼女はその中で好感の持てるキャラクターの一人になると思います。　70歳になった彼女は、経済的にはそれほどうまくいっていないかもしれないが、それでも楽しみの源として街角の店を経営したいと考えているのかもしれない。しかし、もし彼女が職場で好かれていれば、彼女の金銭管理はより適切に管理されることは確実であり、それは私たちの舞台デザインにも影響を与えるものであり、同情のない富裕

層のリビングルームとレディXのリビングルームでは、その外観が確実に異なって
変化する可能性があるだろうか？ - 今私が目にしているのは、富も貧しさも感じさ
せない、清潔で居心地の良いキッチン兼リビングルームです。あなたも同じです
か？しかし、女王　X　の子供たちが彼女の収入をすべて取り上げ、財政的に厳し
いにもかかわらず、彼女が高齢になっても店を経営することを余儀なくされると想
像すると、状況は完全に変わり、舞台デザインは確かによりまばらになる可能性が
あります。
舞台の冒頭から、聖母の貧困は、対話を必要とせずに、俳優の対話を必要とせず
に即時に表明する舞台設計を通じて明らかになります。残念なことに、このテーマ
は非常に深刻でドラマチックなため、これはドラマのようなものになってしまいま
す...私たちはコメディについて合意したと思っていましたが、舞台デザインに関す
るこの２番目のオプションは、私たちが合意したものとは完全に一致していません
でした。あなたも同じように感じてくれることを願っています。

家具が備え付けられたこの部屋を想像して、作品の中で説明してください。キッチ
ン兼リビングルームには通常、コーナーベンチや単なるテーブルと椅子などの座
席が設置されています。私たちの女性がすでに70歳であることを考えると、肘掛け
椅子の方が合理的かもしれません。ただし、小道具や家具を創造的に使ったり、
遊んだりすることを躊躇しないでください。
あなたの作品に中国の彫刻がある場合、その存在は文脈の観点から意味がある
はずです。 CD プレーヤーまたはテレビが記述基準に含まれている場合、これら
も相応の貢献をするはずです。
シーン　ビルダーの作業のある時点では、バラストと作業のためのデバイスの使用
が必要になります。演技シーンでこれが出てきたら、この写真が出てきたらそれを
メモしておきます。俳優がアクションシーンで隣接する壁でそれを使用している場
合は、それもメモしてください。この額装された写真が別のシーンの一部である場
合は、この特定の写真がそこから来たという証拠としてその場所も書き留めてくだ
さい。
まず、最初からゲームの一部として写真をハングする必要があります。ただし、画
像がゲームの一部でない場合は、画像を直接壁に掛けても制限を感じる必要は
ありません。キッチンの周りにある素敵な小物も同様に機能します。とにかく、ほと
んどのステージビルダーはそのような装飾を組み込む傾向があります。
ステージデザイン（カレンダー、花、テーブルやキャビネットの装飾など）私は自分
自身を明確にしていますか？いいえ？この作品の舞台デザインがどのようなもの
になるかを説明させてください。
ステージデザイン：
この舞台デザインは、Mrs...（Lady X）のキッチン兼リビング　ルームを描いていま
す。後方には、食料品店につながる開口部があり、すべての座席から見え、そこ

で入手可能なさまざまな食品パッケージや飲料、その店舗の広告看板、およびその食料品店を宣伝する広告看板が展示されています。木製のビーズや豪華なストリップで作られたカーテンは、誰かが通り抜けない限り、誰かがカーテンを透けて見るのを防ぎます。左右両側に外に通じるドアが1つあります。

Lady X のリビング スペースは、ソファ、肘掛け椅子 2 脚 (またはコーナーベンチ)、テーブル、食器棚、電話を備えた快適かつシンプルな内装です。近くには電話ジャックと CD プレーヤーもあり、壁には亡くなった夫、その息子、そして彼女自身を描いた 3 枚の写真が飾られています (右の図を参照)。
義理の娘と孫) 壁に取り付けられたオープン棚に小説が何冊か飾られています。
執筆中の他の劇に複数のセットが必要な場合は、各シーンを個別に詳しく説明します: 第 1 幕: - 第 2 幕: など。満足 ? - さて、ステージ デザインを考えていたときに、ある時点で電話を使用することに気づきました。音楽も深みを加えることができます。 Lady X が読むために。壁に飾られた絵は家族の温かさを象徴しており、この作品にも意味があるかもしれません。ここで私は、劇の将来の章で登場する登場人物についてすでに考えました。
私を含む多くの作者は、ステージ説明の最後に次のようなよく使われる文を使用することを好みます。「その他の機器はすべてプレイグループに任せます」。これにより、舞台装置の設計者にある程度の自由が与えられると同時に、劇団が演劇や会話に基づいて適切と思われるものを舞台上に置くことが期待されます。ほとんどのアマチュア演劇グループは、そのデザインに細心の注意を払い、考え抜いています。残念ながら、誰もがこの偉業を達成できるわけではありません。
私たちが今学んだことは、単にこの作品の設定された要件の概要を説明することでした。
ただし、同じ原則が必要なすべてのステージ デザインに適用されます。つまり、ステージ上に空きスペースを残しつつ、詳細に説明する必要があります。舞台装置が上がり、目の前で形が見え始めると、心が盛り上がるかもしれません。後でこれらのセットから撮影した写真を見返したときに、何かがおかしいことに気づきました。これはあまりにも頻繁に起こります！
アマチュア演劇グループは、舞台デザインの概要をどれほど綿密に作成しても、舞台デザインに成功に必要なものをすべて盛り込むための措置を講じた後でも、重要な部分を忘れることがあります。小道具に関しては、各幕の開始時、各シーンの前に必要な小道具など、幕ごとに　1　回だけ使用する必要があります。場合によっては、それらを完全に逃すことになります。その場合は、セット全体の一部としてではなく、各シーンの前に含める必要があります。
この時点で、ステージのデザインは完了しているはずです。舞台セットとしてさまざまな団体にどのような舞台セットを依頼できるのか、依頼すべきなのか、また、絶対に避けるべきものは何かについて十分に理解できました。

すでにアイデアと舞台セットが説明されていると仮定して、最も重要な章の 1 つであるキャラクターまたは主人公に移りましょう。重要な決定の 1 つは、いくつ含めるかです。自分の理想的な数字だけを含めるべきでしょうか、それとも自分の能力を考慮し、意思決定プロセスの一部として関与する他の要素も考慮すべきでしょうか?事実: ルールに違反することなく、作品には 20 人以上の俳優を含めることができます。野外劇場で上演および上映されるパフォーマンスでは、一度に 30 〜 50 人の俳優が出演することがよくあり、特に歴史的な作品では通常さらに多くの俳優が出演します。私はそういうものを見るのが大好きです。外にも十分なスペースがあります。大きな野外ステージは、必要に応じて 50 人のパフォーマーを簡単に収容できますが、ここでの目的のために、大きなパフォーマーも出演できる小さなスペースまたはステージに焦点を当てましょう。アマチュア演劇グループは通常、一定数の現役の俳優のみを必要とします。その数はあなたのアイデアとプロットラインに完全に依存します。場合によっては 12 で十分な場合もあります。4 つだけ必要な場合もあります。私の演劇の初演では、監督がより多くの出演者を要求することがよくあります。私たちのグループは 15 人のアクティブなメンバーで構成されています。15 人全員が参加できたら素晴らしいでしょうね。」一方、別の都市にいると、「将来はもっと少ないプレイヤーでもっと作品を書いてください。私たちのグループは 6 人だけで構成されており、誰もが役割を望んでいるわけではありません。」
「そうですね、すべてのステージを満足させるのは難しいので、私の推奨事項は次のとおりです。ほとんどのステージで簡単でアクセスしやすいように、1 つの作品につき 7 〜 8 人で作成します。ただし、代わりに 6 人、10 人、または 13 人で作成してみてもよいでしょう」;ただし、一般的には 7 〜 8 が最適です。」
すべてのキャラクターには名前が必要です。それぞれに独自の独自のアイデンティティを与えることができます。ただし、有名な人物の名前を使用することは避けてください。主人公がヘルムート コール、ハイジ カベル、ヴェロニカ フェレスなどの名前を持つのはばかげているように思われます。これは衝突を引き起こす可能性さえあります。ただし、キャラクターの名前が「有名」ではない場合でも、適切な名前であることを確認してください。例えばAppleのような著名な企業が登場するかもしれません。　A.　がハンスとベアテ・ハンセン、ルドガー・メメン、またはデトレフ・マイヤーが結婚相手として経営している場合、記事の中で彼らに直接言及しないのが賢明でしょう。演劇にあまり興味がない人もいますが、馴染みのない作品の中で自分の名前を聞いたり読んだりするだけで、その人の人格に精神的なダメージを与える可能性があります。この不幸な偶然に、大企業または同様の状況に属する 2 人の実在の人物が関与している場合。誰もあなたを責めるべきではありません！

私の登場人物の名前は古い電話帳から取られることがよくあります。 CD-ROM オプションも追加されました。ストーリーを作成するとき、創造的な方法で姓と名を混ぜることがあります。この課題にどのように取り組むのが最善かを決めるのはあなたです。
劇のキャラクターとキャストの名前について話しましょう。まずはクイーンXが重要な役割を果たします。彼女にはどんな名前が一番似合うでしょうか？ - おそらく、彼女の元の名前であるヘレンのレニ・クレイマーで十分でしょう、あるいはあなたの個人的な好みに応じて、ゲルダ・クルップ、ヨハンナ・ムハル、またはゲシーネ・ピータースはどうでしょうか？適切な名前を選択する際のもう 1 つの考慮事項は、年齢を考慮することです。たとえば、女王 X は 17 〜 18 歳程度である必要があります。少なくとも70年前には誰も出産しなかったでしょう。別の例： 劇に牧師が登場する場合、その子供たちはサイモン、ジョン、メアリー、エスターなどの名前を持つ可能性があります。これらの微妙な点はすぐに学ぶことができます。信じてください。場合によっては、名前がそのキャラクターが誰であるかを定義するのに役立つことがあります。それは個人的な好みによるかもしれません。好感の持てる若い女性の名前としては、シルビア、ヘルガ、ハイジのいずれかを検討します。私はカタリーナ、エリザベート、ゲルトルートなどの名前を、舞台上で争いを起こしやすい登場人物と結びつける傾向があるので、彼らの名前を読むときは、これらの女性が責任者であると想像する傾向があります。代わりに、私は、ややぎこちない男性像をヨアヒム・フォッコ・ゲルト・ハインリヒまたはクニベルトと呼ぶことを好みます。スヴェン、ヨルグ、アンドレ、セバスチャンなどは、そのようなキャラクターに適切な名前とは思えません。そう思いませんか？しかし、何でもそうですが、これは単なる個人的な意見かもしれません。　*読者の中にエリザベートやゲルトルートを自称し、自分を素敵な人間だと信じている人がいるなら、私のコメントが侮辱的な一般論であることをお許しください。

ところで、私たちの女性Xはドイツ系だと思います。したがって、彼女のドイツ名はヘレン・クレイマー（レニによって知られています）です。
他に誰が私たちの劇に主演すべきでしょうか？レニの息子と義理の娘？ステージデザイン（壁に貼られた写真）を説明するときに、それが気になりました。それがあなたに戻ってきたら、それは良いことです。レニが以前に結婚していたことを考えると、彼らの姓はおそらく変わるでしょう。おそらくルドルフとイーナ・プレイスでしょうか？なぜそうするのでしょうか？レニが未亡人であるという合意を考えると、これは物語にとって非常に適切であるように思われます。これまでのところ、3　つの数字があります。レニと息子とその妻。レニが 20 〜 30 歳のときに結婚したとすると、それぞれの 40 ～ 50 年前のバージョンが得られます。二人とも子供はいますか？
祖母との関係が良好で、私たちのグループのもつれの中で重要な役割を果たし
てくれる人を見つけて雇用するという役割を私たちが引き受けてもよいでしょうか？
ダニエル・プレイスなら働けるだろうか？大丈夫。このような年齢層であれば、グ
ループ間、つまり関係者全員にとって成長の余地が常にあります。
作品内の登場人物。特定の年齢情報は、本当に必要な場合にのみリクエストして
ください。たとえば、「75　歳の誕生日」のような例を挙げることができます。しかし、
理想的には、俳優は、舞台上でそのキャラクターを演じる前に、まず自分自身を
74　歳であると描写するでしょう。私たちの作品はレニの退職年齢の認識に焦点を
当てており、これはおそらく彼女の会話の中で出てくるでしょう。したがって、彼の
年齢は他のキャラクターよりも現実をより正確に反映しているはずです。つまり、私
たちの Leni の場合、その数は 70 になります。劇団は現在、この役に70歳の女優
を出演させる必要があるが、メイクアップアーティストはメイクアップの芸術性によっ
て20歳の女性を老婦人に変えることができる。誰かを若くするには、より多くの努
力が必要です。正確な年齢について議論することが会話の中で重要になったり、
その重要性をあからさまに求められた場合には、会話やその他の形式のディス
カッションの際に必ずこの事実を正確に述べてください。

次に数値について説明します。現在、レニ、ルドルフ、イナ、ダニエルの　4　人がい
ます。私たちの基本的なアイデアを覚えていますか?レニが店にいるこのシーンを
もう一度想像してみてください。何が起こるか想像してみてください。私たちの基
本的な考え方の中にすでに矛盾が存在しています　-　忘れてしまった場合のため
に...ここで注意してください: 街角の商店を経営する 70 歳の女性は、子供たちに
よって介護付き老人施設に送られるべきです。」

この物語の核心は「善人」と「悪人」に分けられます。そうしないと争いが起こらず、
どんな遊びも平凡で退屈なものになってしまうので、それは良いことだ。レニの側
をサポートするキャラクター (例: 彼女の母親または父親) も引き続き必要とします。
レニが自分の状況について話し合う相手は重要です。誰に頼れるか、子供の将
来の計画について話し合える同じ年齢の友人、もしかしたら未亡人もいるかもしれ
ません...うーん...これはかなり興味深いかもしれません。！2 人選びましょう。ヘル
ガ ウィルムスとトゥルーデ レーマンは私が思いついた 2 人の名前です。今ではす
でに 6 人の数字があります。これで十分ですか？個人的には、複雑さを増すため
だけに 2 つ追加したいと思っています。下のコメントセクションであなたの考えを教
えてください。そう思います
あなたの息子さんは、レニに真剣に恋をするか、それともレニに対する陰謀の仲
介役を務めるだけで、親密になる可能性のある人物をレニに紹介しましたか？さ
らに、求婚者として若い女性はどうでしょうか。 - ダニエルは友情か恋愛感情を通

じてこの若い女性と出会うことができました。しかし、レニの息子ダニエルにも若い恋人がいたらどうなるでしょうか？何でも可能ですので、両方のキャラクターを作成する予定です。紳士のカール・ハインツ・アーレンスと若い女性のガビ・マイヤーに電話しましょう。この時点で、キャラクターのリストが完成したと思います。追加の人物が必要になる場合や、既存のキャラクターが削除される場合もあります。それは作品がどのように進化するかによって決まります。完全なリストをまとめてみましょう。これは原稿の 4 ページ目に表示され、次のようになります。プレイヤー: 女性 5 人 / 男性 3 人

ヘレン・クレイマー（レニと呼ばれる） - 未亡人（70歳）。ルドルフ・プレイス - ルドルフの最初の結婚の息子（40〜50歳）。イナ・プレイスはルドルフの二度目の結婚（約40〜50年）からの妻でした。ダニエル・プレイス（二人の息子 - 20〜25歳）。さらに、レニの親友であるヘルガ・ウィルムスは約60歳でした。トゥルーデ・レーマン氏も重要な役割を果たした。カール＝ハインツ・アーレンスはこの期間を通じて-70年間ずっと存在していました）。
ガビ・マイヤー（20〜25歳）

私たちの劇には 5 人の女性俳優と 3 人の男性俳優が必要なので、この組み合わせは多くの舞台で多用途に使用できることが証明されるはずです。カール＝ハインツとガビはまだ役職に空きがあり、レニとの関係は我々が執筆している時点でも発展し続けている。レニの友人を選択するとき、私は複数の年齢を選択しました。これは、多くのステージではすでに 70 歳を超えている 3 人のプレイヤーが登場することがないためです。さらに、年齢の違いにより、全員が異なる視点を持つキャラクター間のユーモラスな会話が提供されます。
キャラクターと外観 キャラクターの説明

主人公が決まったので、次のページで各キャラクターについて説明します。作者によってはこのステップを明示的に行う人もいますが、私は対話によってキャラクター開発に直接つながることを好みます。そうしないと、私の作品はおそらくそれほどうまく機能しないでしょう。キャラクターはあなたの頭の中にしか存在しません。初期に追加された対立により、明確な性格特性を持つさまざまなタイプの人々が作成されます。同様に、服装の説明でも誰が登場するかを説明する必要があります。服装もキャラクターによって異なります。 5 ページに登場人物を視覚化する方が理にかなっている場合は、自由にそうしてください。同じページの名前の下に、作品の再生時間、場所、場合によっては再生時間を書いてください。出版社や団体は、この行為に非常に感謝しています。それは次のようになります。

この劇の上演時間と場所: Blumberg の夏 (ドイツのどこかの小さな村)。

プレイ時間: 約。休憩なしの 100 分
あなたの作品の演奏時間は完全にあなた次第です。一部の作品は、クリスマス、
イースター、ペンテコステなどの特定の祭りを中心に開発されています。これによ
り、季節が自動的に決定されます。もちろん、作品が複数の季節にまたがる場合、
それに応じて季節も変わります。例: 彼女の演劇の第 1 幕が 2 月に始まる場合。
出産は8月か9月の第2幕の間に行われます。俳優は冬と 8 月にそれぞれ異なる
服を着る可能性が高いため、この情報は不可欠であり、会話に気候に基づいた
会話をさらに追加することができます。私たちの演劇の舞台は夏だけにしたいと
思っています。期間はまだわかりませんが、4 〜 6 週間以内で十分です。あるい
は、一夏あれば十分かもしれません。
設定: 魅力的な小さな食料品店を備えたこの作品のインスピレーションは、都会と
田舎の両方の小さな村のイメージから来ています。
作品がどこで行われるかは実際には重要ではありません。重要なのは、この小さ
な場所と最も近い町がわずか数キロ離れていることを聴衆がすぐに認識すること
だけです。私は架空の会場名を付けることを好みます。現実の場所が私の作品に
登場することはほとんどありません。必要に応じて、実際にパフォーマンスが行わ
れる場所にアクションを調整することを好むグループもあります。私は気にしない;
Blumbergの会場はとにかく村のようです！

再生時間はページの長さによって異なります。たとえば、ページ サイズとして 12
Times New Roman 書体と DIN A5 のサイズを選択すると、本書の 61 ページにあ
るダイアログの例のような結果が得られます。ただし、効果を高めるために、ダイア
ログの間に段落を挿入することをお勧めします。この形式では、90 ページのテキ
ストは約 90 分の純粋な再生に相当します。ヒント: 理想的な作品は休憩なしで
120 分を超えないようにしてください。90 分が理想的です。
説明に記載されている 100 分には拘束力はなく、単なる例として機能します。
最初の数ページに含めるべきはコンテンツの概要ですが、まだすべてを把握して
いないため、それはまだ不可能かもしれません。少なくとも私ではありません！し
かし、もし知っているのであれば、私はあなたを称賛し、すぐにそれをすべて書き
留めることをお勧めします。

ワープロ　プログラムを使用すると、出版社が原稿を印刷する前に行うのと同じように、テキストを自由に追加および削除したり、レイアウトをいつでも変更したりできます。少なくとも今すぐ作品のページを設定することをお勧めします。 DIN　A4 を使用する出版社もあれば、DIN　A5 を好む出版社もいます。最終的には、最初にどのフォーマットが作品に適しているかはあなた次第です。フォーマットは後でいつでも切り替えることができます。

変更が必要な場合は、5 ページ目から DIN A5 でページを設定します。そのページで最初の行為を書き始めます。表紙 2 ～ 4 には、タイトル/著者/コンテンツ/プレイヤー、およびステージ　デザインの詳細が含まれます。ページを設定するために実際に必要なのは、左端に登場人物の名前が表示され、俳優が学習しやすいように会話が表にまとめられた表作成ツールだけです。次のようになります。

ベアトリス: ポーラ、別の見方をしてください。あなたは独身で、何らかのサポートが必要です。55 歳ということは、片方の収入だけで生活していることを意味します...

ポーラ: 私の並外れた人生を思い出させてくれてありがとう!

ベアトリス: メルゼブルクで一時的に休息をとるだけで、クリスマスプレゼントを選ぶ才能もまったくないのに、なぜわざわざ休暇を取るのですか?

ポーラ:ちょっと待って！私の妹のガートルートの子供たちは、ポーラ叔母からのプレゼントを毎年楽しみに待っています。そのうちの 3 人は 12 歳、15 歳、21 歳です。私は若者が贈り物　（また食べる）　に関して何を要求しているかを知っています。（ポーラは立ち止まらなければなりません）

ベアトリス:今年のクリスマスプレゼントは少ないかも知れません。

ポーラ: はい、ちょうど 50% 小さくなりました。- 彼らがここで私たちに何をしているか気にするんですか?!ピアノ、なぜあなたはいつもこんな態度をとるのですか？

ベアトリス:　だって、私たち一般人が影響を及ぼせないことに対して怒っても意味がないから。たとえば、他のヨーロッパ諸国がよりコスト効率よくチョコレートを生産できる一方で、ドイツ経済は厳しい競争に直面しています。これがまさに物事の仕組みです。

ポーラ: こんにちは... 全社員が集まるこの会議について、あなたの見解を教えていただけますか...?ポーラ:

そのステップは完了しましたか?素晴らしい。次に、読みやすい書体を選択してください。タイムズ ニュー ローマンとエリアルが人気です。これらすべてが問題を引き起こしており、WORD を初めて使用する場合、または私からのさらなる指示が必要な場合、私は基本的なガイダンスしか提供できません。私の本では、Word のようなワードプロセッサ　　　プログラムの使い方については詳しく説明しません。したがって、最良の選択肢は、経験豊富な誰かに基本を教えてもらうか、WORD　　　のコースを受講することかもしれません。

5 ページ目に、「ACT FIRST」と書いてあります。3 幕の演劇は劇団の間で非常に人気があり、私自身もこの形式で劇を書くことを好みます。幕の数は、作品に時間がかかる頻度、またはかかるかどうかによって大きく異なります。ジャンプ;　これはおそらく最初の作業になるため、最初に 3 人の俳優から始めるのが最も合理的です。幕が開く最初のシーンがどのように構成されるか、つまり登場人物が登場するのか、それともそこに誰もいないのかを説明します。クリストフ・ブレドーと一緒に書いた「シェ・アンドレへようこそ」では、すべて次のようになります。

第一幕。　　（カーテンが開くと、アンドレとフランクはテーブルの周りに座って、少し伏し目がちに日刊新聞を読んでいます。テーブルの上には携帯電話があり、衣服、新聞、空き瓶などの物が散乱している火曜日の午後です）および食品パッケージ）。
大げさではなく、だらしない服装（ボタンのないTシャツやオープンシャツ、ひび割れのあるジーンズ、すり減ったスニーカー、古いスニーカーなど）を着た2人を想像してみてください。あまり整頓されていないように見えます。彼らは靴を混合しているようです。彼らはお互いにあまり整頓されていないように見えます　-　完全に整頓されているわけではありませんが、汚いわけでもありません -「行儀の悪い方法」でお互いに向かって歩いているとき）。

したがって、誰が出席し、何をしているのか、シーン内でどの小道具がまだ必要なのかについての詳細を提供する必要があります。俳優の服装、気分、行動、時間帯を説明する場合、舞台セット全体と最初のシーンなど、視聴者が一度に見るものすべてから受ける印象を作り出すのに役立ちます。俳優自身からの会話を必要とせずに、すぐに視聴者に知らせることができます。
もし私が視聴者として、以前のように「シェ・アンドレへようこそ」の冒頭をたった10〜20秒で説明したらどう思うでしょうか？

あまりきちんとした服を着ているわけでもない二人の男性が、退屈そうにしながらテーブルで一緒に新聞を読んでいる様子と、そこに座ってどちらかというと退屈そうに新聞を読んでいる姿が想像できます。これは、誰でもすぐに理解できることです。このシーンは誰にとっても明らかなはずですよね？
聴衆が考え始めるとすぐに、作品は最初の対話を開始します。長い序文や紹介は必要ありません。この初期状況から直接開始します。視聴者として、私はすでに両方のキャラクターの間に何か問題があることがわかります。彼らのやりとりは不安に見え、観客はこのシーンについて何かを知っているが、言葉はありません。 - 別の例としては次のようなものがあります。

第 1 幕の開始時 (聖木曜日約 16 時 30 分)、幕が開いた時点で舞台上には演奏者はいません。代わりに、花びらの枯れた花が花台や窓辺にしおれて座っているだけで、シーツや布で覆われたテレビ、そしておそらく布製のカバーで覆われた他の物体もある。)

ここで、初期の状況はさらに異常です。ステージ上にプレイヤーはいません。枯れた花や覆われた家具はすべて存在します。視聴者はこのすべてをどう理解すべきでしょうか？ここに人が隠れているのですか？確かにそう見えますね…
しばらくそこには誰も来ていませんでした - アパートが空っぽなのか、それとも住人が旅行に出かけているのかはわかりませんが、観客は最初のシーンとそれに続く会話ですぐに学びます。文書では明らかにされていない事実が 1 つあります。それは、今日は聖木曜日です。しかし、このことはその後の会話を通じてすぐに分かります。- 3 番目の例:

ハラルドは机に座ってコンピューターのキーボードをタイプしています。レナは彼の前で掃除機をかけます。ハラルドさんはその騒音に悩まされているようですが、レナさんはその騒音に悩まされているようで、常に涙をぬぐっています。これはすべて、普通の土曜日の朝のことです。
幕が上がると、二人の生き生きとした俳優が舞台上にいます。男と女。この二人が結婚しているのか、人生のパートナーなのかはまだ不明ですが、それにもかかわらず、私たちは言葉が交わされなくても対立の証拠を目にします - 彼は掃除機の音にイライラしていました。彼女はそのすべてにとても苦しんでいるように見えました。ここでは追加の小道具は (おそらく同じ掃除機を除いて) 必要ないようです。実際、ステージのデザインは前述したように変更されていません。
ゲームの始まりを説明したら、第 1 幕の最初のシーンですぐに会話を始めます。初めて小説に挑戦する作家の中には、冒頭の導入として長い会話を書くという間違いを犯す人もいます。これは面倒で面倒なことかもしれません。代わりに、シーン 1 では不必要な前置きをせずに、すぐにアクションに移ります。これは、プレイ中に人間関係や対立が自然に現れるはずだからです。

私は観客として、監督が作品を説明したり説明したりする前に、カーテンの前に出てきて私たちを歓迎するのを頻繁に経験します。時には最後の細部に至るまで、最終的なオチも含めて説明します。このような瞬間に、私はステージに上がって、すぐにこの人を殺すことができました。誰かが最初に私にすべてを説明しなければなりません!

私が今見たいのは、この要件を必要とするほど内容が稚拙か、この人が無能であるに違いありません。

彼がそうするのは、聴衆にはコメディを鑑賞するのに十分な知性が欠けていると想定しているからである。3 番目の可能性としては、説明が必要なほど多くのテキストが削除されている可能性があります。しかし、観客として、私は公式からのアナウンスや説明を必要とせずに、すべての要素を理解する必要があります。

それでは、あなたの演劇のオープニングシーンはどのようなものになるでしょうか?その中心的な概念を理解したので、ストーリーのアクションを開始するために利用できる選択肢がいくつかあります。次の可能性を検討してください: 1. ステージ上にプレイヤーはいませんが、レニが顧客に別れを告げる音が聞こえ、その直後にリビング ルームに来ます。2. レニと子供たちはテーブルの周りに座ります。3. レニは孫のダニエルをリビングルームに紹介します。

4. レニの店に息子と義理の娘が入ってきて、レニの店と自分の店の将来について話し合っています。

したがって、アクションを開始するにはさまざまな方法がありますが、最終的には選択するのはあなたです。すべてのコメディ劇の基礎は対立です。そのため、対立を設定する場合は、5 分以内に対立が現れるか、第 1 幕で急速に展開する必要があります。これにより、エキサイティングで面白い劇が生まれます。私たちの場合、これは、レニの子供たちが何をしているかについての最新情報を十分に迅速に提供することを意味しました。

出版社に提供する前に、私の正直な意見を求めて若い作家から原稿を受け取ることがあります。ドラマツルギー的に正しい劇かどうかは主観的な好みの問題ですが、私は初めての脚本家に対して、原稿の重大な間違いや不足について、正直なアドバイスを提供することができます。2 人か 3 人の俳優が、関係者全員が単に同意してうなずいたり、意見の相違もなく同意したりして、気持ちの良い会話をしているような作品を読んでいて、視聴者が何が起こっているのか疑問に思い始める場合、それは間違いなく良い脚本ではありません。何かが起こる必要がある、さもなければ少なくとも彼らにそう思わせる必要がある!

ステージ上では、衝突なしに興味深いことは起こらないはずです。このフレーズを思い出してください。

「いかなる紛争も適切ではない!!!!」。したがって、私たちの作品は最初のシーンで
どのように始まるのかを次に示します。
カーテンが開くと、ルドルフとイーナは部屋の中で静かに立っています。どちらも
自信がなく、不安に見えます。レニが顧客の一人に別れを告げる声が後ろから聞
こえます。)
このルートを選択すると、視聴者はすぐにドラマの最初のシーンに没入することに
なります。ルドルフとイナがレニに会いたいとすでに思っているかもしれませんが、
話を変えてみましょう。代わりに次のようなことはどうでしょうか。
(カーテンが開くと、ステージにはプレイヤーは存在しません。その後、レニが金庫
を持って後ろから前に出て、テーブルに座り、お金を数え始めます。その直後、ダ
ニエルが右側から登場します。)
ここで、私たちはレニと彼女の店について学び、ダニエルに会い、対立が後で現
れるようにすることができます。観客がその対立にどれだけ早く遭遇するかはあな
た次第です。重要なのは、それが実際に起こるということです。

第 8 章: ドラマツルギーとプロット スレッド

通常、演劇は複数の幕から構成されます。最初の行為では、観客に登場人物に関する情報を提供しながら対立を設定します。第 2 幕では、プロットの要素がさらに発展し、クライマックスに達します。最後の第 3 幕では、対立を明確にしてすべてに終止符を打ちます。視聴者にとっても同様に楽しい視聴体験を残しながら、ほとんどの登場人物を満足させます。

私たちの劇の各作品にはメインプロットだけでなく、サブプロットも含まれる場合があります。レニと彼女の店が私たちのメインプロットとして機能します。追加のサブプロットには、ルドルフがダニエルに惹かれる、またはその逆、あるいはレニが結婚生活に問題を抱えていることが含まれる可能性があります。

最初の作品を書く前に、若い作家から送られてくる原稿でよく見られる間違いを指摘しておきたいと思います。彼らは、ロマンチックなカップルの別れが早すぎたり、一般的にキャラクターの育成が十分でなかったりするという間違いをよく犯します。いかなる状況でも、このようなことは発生してはなりません。

通常、各幕はタイムシフトなしで 25 〜 35 分間上演されます (3 幕または 4 幕のプレイが十分に長い場合)。したがって、朝食のテーブルのシーンが午前 8 時に始まり、午前 8 時 30 分までに終了する場合、その行為は午前 8 時 30 分に終了します。第 2 幕は午後 3 時ごろに始まり、午後 3 時半ごろには終わるはずです。これにより、ゲーム行為中の時間を現実のものにすることができます。ただし、タイムシフトが不可避的に発生する場合 (たとえば、俳優が異なる時間に入場/退場するため)、スマートな解決策を見つける必要があります (たとえば、複数の演技と異なるシーンを同時に導入する)。音楽と光の効果を使用して夕方から朝に変化し、視聴者が時間の変化を認識できるようにします。できれば、これはステージ上に俳優がいない適切な休憩中に行われる必要があります。しかし、一般的にはこれを行わない方が賢明です。幕間では、時間を自由に使って遊ぶことができます。これには、分、時間、日、週、月、年などを含めることができます。たった一度の行為で時間を変えないでください！私は原稿を読んだり、第一幕が朝食から始まり、25分後に主人公が午前8時に開店したディスコに行くところで終わるという劇を見たことがある。それにもかかわらず、会話は通常、その時までに夕方であることを示しています-視聴者としてそのシナリオをどのように理解するつもりですか？このような間違いをしないでください。

書くときは、それぞれの文字を頭の中で最前面に置いてください。彼女は今どこにいるのでしょうか？ 彼女の意図は何ですか？これにより、レニが寝室に入り、後で部外者として戻ってくるのを防ぐことができます。もしそうであれば、彼女は何らかの他の手段で侵入したに違いなく、劇中でそのような行動に韻や理由が与えられていなかった。そうしないと、視聴者が混乱して当惑してしまう可能性があります。
- これと同じテクニックが、フラッシュ フィクションを書くときにも機能します。
不在期間とは、俳優の不在期間がどのくらい続くかを指します。たとえば、登場人物が大きな買い物をするときは、十分な時間を割り当て、視聴者ができる限りそれに従うことができるようにする必要があります。見逃してしまう可能性のある微細な詳細に注意してください。視聴者はすべてに気づく非常に鋭い目を持っており、彼らはすべてに簡単に気づくことができます。そのため、俳優が買い物に行くために部屋を出ても、荷物をいっぱいにして2分以内に戻ってくることはできません。買い物にどれくらいの時間がかかるかを考えてください。この俳優に作品内で十分な出演時間を与えるか、必要に応じてもう一度登場させてください。

最初の幕を書くときは、登場人物が話すすべてのセリフが意味を伝えなければならないことに注意してください。俳優がなぜ何かを言うのかを自問してください。この俳優が何を意味するのか正確にわかりませんか?見て:
アン: (少し考えた後) 私たちの新しいお茶のサービスについてどう思いますか?フロリアン: 母と父が、母の妹の結婚 20 周年を記念して購入しました。少なくとも 6 杯のカップは、パープル フラワーズ ティー パーティー ショップ (バーウッド ロード)から母親自身が直接購入したものです。アン:
フロリアン: 壁にある美しいものは一生残るでしょう、アンは軽蔑的に答えました。どのようなモチーフを意図したのでしょうか？おそらく裸の女性を寝室に置くのでしょうか？フロリアンも似たようなものが好きなのかもしれません(笑)
アン: はい、もちろんです - そんなことはすぐに忘れましょう - 理想的なプレゼントは、単にお父様を喜ばせるだけではなく、予期せぬものでなければなりません。フロリアン: 両親の銀婚式の贈り物はなぜ独特で風変わりなものでなければならないのですか?アン: そうですね、私たちは子供たちですから、それほど難しいことではないと思いますか?
フロリアン: どう思います... - お母さんは、鍋が燃え続ける様子について何週間も不平を言っていました。アン:それは子供たちからの結婚祝いとしては受け入れられないですね！家電製品や鍋などは与えません。
フロリアン: そうですね。二度と使わない役に立たない装身具やおもちゃのような意味のないものよりも、使わない実用的なもののほうがよいのです。アン: いいえ、ありがとう、そんなことは絶対にありません!結婚式の日に夫が卵焼き器やトースターのような実用的なものをくれたら、私もそれとは結婚しません。

はっきりとわかるように、ある兄弟カップルが銀婚式に両親への適切なプレゼントについて話し合っていますが、どちらも理想的な解決策については意見が一致していません。一方の息子は現実的な考慮を好み、もう一方の息子はロマンスを望み、それが正しく行われることを望んでいます。対話を通じて、私たちは両方の登場人物について多くのことを学びます。それぞれの文はそれ自体に意味があり、誰がいつ何を言ったかについての洞察が得られます。

シーンを長くする必要があるからといって、不必要なディテールを減らすことが重要です。集中力を維持することで順調に進みます。やがてこれを制御できるようになりますが、最初は「キャラクター X はなぜこのように言ったり反応したりするのですか?」と問い続けます。「なぜキャラクターYはそのように反応したのですか?」プロンプトとして。

私の以前の提案のフォローアップとして、私たちのコメディが最初のシーンでどのように始まるかを提案しましょう。

1. レニ: (金庫と本を持って店の後ろから入り、彼女はテーブルに向かってまっすぐに歩き、座ります。そこに着くと、彼女はお金を数え始め、本に数字を書き始めましたが、圧倒され、完全に数えるのをやめました。)。彼女の服装は普通で日常的なものに見えます)。

2. シーン 2 ダニエル (夏らしい運動着を着て右から入ってきて、すぐにノックをします。レニは孫に会えて喜んでいます)　　ダニエル!私の息子！ダニエル: (立ち上がってレニの頬にキスをする)そして、売上について褒める前に、今日のビジネスはどうだったか尋ねます、みんな満足しましたか？

レニ:　私のニーズに関して言えば、それらは常に満たされており、私をエマおばさんと呼ぶことはもうありません。

ダニエル: レニおばあちゃん、タバコをもう一箱いただけますか?レニです: 喫煙頻度が高すぎます...

ダニエル: (彼女の話をさえぎって) 喫煙は健康を害し、皮膚を老化させ、インポテンスを軽減し、悪臭を放つ可能性があります... - おばあちゃん、禁煙はそう簡単ではありません... レニ:　あなたの祖父も当時まったく同じように感じていました。彼は喫煙からも手を離すことができませんでしたが、それはまだ73歳でした。

ダニエル: おばあちゃん、助けてほしいんです。あなたのおじいさんが事故に遭いました。メス・レニ: (少し悲しそうに) はい。それについては話さないでおこう。自分自身を助けてください。ダニエル　(彼女の肩を軽く撫でてから、後ろの店のパートナーを手伝うために立ち去る)　レニ　(会計の仕事を続ける前に、少し彼を見上げた)

第三場

イーナとルドルフは夏服を着てやって来ます。イナが率直かつ積極的に入場すると、ルドルフはイナに簡単に挨拶します。「こんばんは、お義母さん！」ルドルフは即座に「お母さん。」と答えました。

レニ: (少し驚いて) そうですか、あなたは？あなたがここに来たとき、私はまだ日払いをしていました！何をあげましょうか、お茶ですか？

イナ: [目的と毅然とした態度で] お義母さん、もう一度座ってください。私たちの間に話し合わなければならないことが起こっているからです。レニは、何が起こっているのか、なぜイナがそんなに真剣な顔をしているのかがわからず、ためらいがちに座り直した。イナは決意を込めて自分の考えを話し続けました。「イナ、今日のあなたはとても真剣ですね！」ようやく再び座り直してからゆっくりと立ち上がりながら入ってきたイナの口調ははっきりしていた：はい？それで、イナ今日は何ですか？でも、あなたはとても真剣のようですね！では、なぜイナはそこまで真剣になっているのでしょうか？それで彼女の真剣な表情はどうなるでしょうか？彼女はレニに対して非常に真剣な表情を浮かべながら、ゆっくりとまた座り直し、自信がありません、確信が持てず、またゆっくりと座り直すと、「はい？」それで、今日は何について話しますか？イナは明らかにとても熱心に見えます。レニ、不安げにゆっくりと座り直す：はい？それで、今日ここで何が起こっているのですか、イナ？レニはゆっくりと再び座ります：はい？それで、今日はここで何が起こっているのですか？

レニはゆっくりとまた座り直す：ああ？さて、今日のあなたの表情はどうなっているでしょうか？伊那

ルドルフ：　お母さん、私たちは何週間も前からあなたと話したいと思っていましたが、ずっと延期していました。イナ：でも、もう手遅れです。これ以上待つことはできません。レニ：　それはドラマチックですね。私は何か間違ったことをした？第4シーン。

ダニエル：　(イナが最後の言葉を発している間に店の裏から戻り、タバコの箱を持ち周りを見回して) ああ、家族の再会ですか？

イナ：ここで何をしているのですか？あなたはきっとサッカーの練習中だと思います。

ダニエル：キャンセル（悪を予感させる）。あなたの様子を見ると、ここで何かがおかしいことがわかります…どうやらコーヒーを飲みに来たわけではないようですね、ルドルフ。ダニエル：それは違います。まさか、こんなんじゃない！レニ：彼らは今誰と話しているのですか？

ルドルフ：　いつまでこれを持ち歩いているの?ダニエル：お父さん。レニ:うわー。これで終わりです。店をたたみ、退職者向けのコミュニティに移らなければならないと言うのですか！ - さて、真実が明らかになりました。

このように作品が始まると、数分以内に衝突は避けられません。あなたはレニのキャラクター、つまり未亡人についてすでに十分な洞察を提供しました。孫との関係は良好。子供たちに何かを提供するために会計を中断したいと考えています。ダニエルは両親の計画を知っていますが、反対しているようです。義理の息子と娘はレニに対して厳しいようです。二人とも彼女の存在が気に入らないのですが、そのすべてが 3 ページの本文内に書かれています。

ただし、イナとルドルフが最初に視界に現れるまで待つこともできます。おそらく、ダニエルが両親の計画を祖母に話した方が良いと思うかもしれません。あるいは、レニのガールフレンドがイナとルドルフがレニのために計画しているのを見て、最初にその場に入ったのかもしれません － ここでは何でも可能です － 何を取ってください あなたは自分自身のユニークな出発点が好きか、見つけます。あなたの作品はあなたのものです！

私の提案を進めましょう - 次にこの作品には何が含まれるでしょうか？今がチャンスです！レニはどのように反応し、次に何をするのでしょうか？ダニエルはこの時点でレニに協力を申し出ることができます。この会話はいつまで続くのか。誰が去り、誰が次のシーンに入るのか？

レニと彼女の店はどうなってしまうのでしょうか？これは、コメディ全体を、結末に至るまで統一するテーマでなければなりません。想像力を働かせて、考えられるすべてのシナリオを書き出してください。役立つヒントがいくつかあります。

視聴者にとってすぐに退屈になってしまうため、10 分を超える、長所も短所もない延々と続く会話だけで構成される会話を書くことは避けてください。常に何かが起こっているはずです。緊張感を高めます。コメディーの 1 幕を少なくとも 8 つのシーンで埋めます。多い方がうまくいく場合もあります。会話中の粗雑な表現で観客を笑わせようとしないでください。コメディは会話、テキスト、シチュエーション　コメディのみから生まれるべきであり、視聴者に「太ももをたたくこと」を奨励するために皮肉な言葉を使うべきではありません。

本当のユーモアとは何なのかを問うと、「私が見ているのはいったい何で、観客は何について笑っているのだろうか？」という疑問が湧くかもしれません。コメディーの第一のルールはこれです。観客は何が起こっているのかをステージ上のどの俳優よりも知っています!!

ドラマツルギー的に正しい作品は、緊張感とコメディーを同時に理解することから始めなければなりません。私の言っていることが分かるよね？

誰かが部屋に隠れているが、その場にいる他の人が彼/彼女に気づいていないときを想像してください。観客は知っているのに。これらすべてが緊張感とコメディーの両方を同時に生み出します。

「他人のために穴を掘る者は、自らもその穴に落ちるだろう」この表現をよく知っている人なら誰でもよく知っている——他人を穴に引きずり込むために罠を仕掛けることは、自分自身をその穴に引きずり込む可能性がある——これが毒の形をとるかどうか。飲み物、加工された食品、ネズミ捕り、手紙、電話での会話など…

一見すると、これは視聴者にとってもキャラクターにとっても面白いように思えます。いずれにせよ、このタイプのシナリオは通常、コメディーでうまく機能します。まったく異なるキャラクターや、罠を仕掛けた人物自身がそれに陥ると、視聴者は笑い、素晴らしいコメディー・アイロニーを生み出します。アイデンティティの間違いもよく起こる傾向があり、物も人も簡単に混乱してしまいます。
家、約束、その他さまざまな必需品を持っています。

会話中の誤解は、陽気な場合もあります。キャラクター A が自分の船アンティエについて言及すると、キャラクター　B　は、それが同じ名前の妻のことを指していると考えるかもしれません。美味しくて面白い逆要素コメディはいつでも大歓迎です。
トレンド - 2008 年以降:
それはどうして起こっているのでしょうか？理由は不明ですが、男性が女性のように振る舞ったり、その逆も同様です。このような行動を説明できる要因は何でしょうか？
例：　売春婦のように振る舞うマナー?ストリップショーをしている男性たち。女性もレンガ職人になれるのです！
あるいは女性が首相に就任することもある（残念ながらすでに存在する）。これらはほんの一部の提案であり、その多くはすでに私の作品に組み込まれています。さらにたくさんあります！これらのことを賢く正しく行えば、コメディ作品で笑いを誘う結果が得られるだけです。
現実には存在しないものを創造します。
ステージ上では、これは非常に面白い光景になります。
担当者は、かつては入手できなかった製品、つまり数か月続くパーマネントウェーブ製剤を提供しています。非常に速い成長効果を持つ育毛製品。男性用パンティライナー。知性を急速に高めるチョコレートなど　-　以前は購入できませんでしたが、残念ながらこれらには多くの副作用があり、すぐに悲惨な結果になる可能性があります。「We Don't Have It - It Doesn't Exist」と題した私のパフォーマンスは、特にこのテーマに焦点を当てました。
あるいは医療イノベーションを考えてみましょう。アマチュアの化学者が汗の臭いを完全に消す血清を作成したため、この素晴らしい発明は時代遅れとなり、不要な汗の臭いが再び消えてしまいます。しかし、これをテストするにはボランティアが必要で、その高濃度のホルモンが人々を変えてしまうのです。　　（「クレイジープロフェッサー」）。このような話題はすべてばかげているように見えるかもしれませんが、社会全体に多大な影響を与えます。
コメディーにおける面白いキャラクターは常に非常に効果的です。「面白いキャラクター」というのはそういう意味です。
これらの人物は、欠点であろうとなかろうと、さまざまな点で他のキャラクターよりも際立っていることがよくあります。例としては、言語の間違い　(ドイツ語や方言を話さない)　などが挙げられます。ぎこちない人、または教育を受けていない人。有色人種の俳優。違う服を着ている人やその他のこと。このようなキャラクターは個性を増し、すぐに視聴者のお気に入りになることがよくあります。さらに、そのような「面白いキャラクター」は、ユーモアを加えるために主要な役割を果たす必要はありません。サブプロットのマイナーなものでも、同じように面白いことがわかります。

※個人的には、言語障害のある登場人物を劇中に登場させることにはあまり賛成しません。キャラクターはすべてユニークである必要があります。そうでなければ、ドラマや紛争はどこから生まれるのでしょうか？
言語と表現は非常にデリケートな問題です。テオ リンゲンやロイブラックが出演する 70 年代の映画を鑑賞してください。面白くなかったですか？しかし、真剣に、あなたは最初にリリースされたときと同じように、彼らのプロットや会話に興奮していますか（30歳未満なら、どうせ知らないでしょう。ビデオストアでレンタルして判断してください）。上映されているものはあまり「面白くない」ことが多いので、今ではこれらの映画を面白いと思うことはほとんどありません。時間は確かにすべてを変えました。
現在、テレビで夕方の番組の映画を見ると、1970 年代の映画に比べて肌の露出が多くなる傾向があります。それだけでなく;現代の映画は、この変化の多くが口頭で起こっているため、確かにこの変化を反映する必要があります。「セックス アンドザ　シティ」を考えてください。この映画には、私の日常用語にもあなたの用語にも含まれていない性的な単語が少なくとも 50 語登場します。
言語使用と視覚的自由の点で、エンターテインメントとテレビシリーズや映画、たとえばテレビ劇映画と舞台劇との違いは何ですか?

ここでも正確な答えを与えることはできません。シアター・オン・ステージは常にライブ！次の質問は、ステージ上で何を見せたり語ったりできるのか、何ができないのかということかもしれません。ここで特に言及しているのは、台本として書かれており、その後俳優によって舞台上で再現されなければならないものです。
そうですね、演劇というのは幅広い分野です。一部の劇では俳優が上半身裸で出演し、できる限りのすべてを表現します。私は主にアマチュア団体による大衆演劇作品を専門としています。
私の知っているアマチュア俳優で、黒い下着だけを着てアマチュア民俗演劇に出演する人はいないでしょう。そして、観客の一人として、これは私にとっても魅力的なことではありません。さらに、それは奇妙に思えます。
愛とセックスは大衆演劇では永遠のテーマなので、隣で何が起こっているのか頭の中でイメージするのが楽しいです。たとえば、空のステージの隣に開いたドアがあり、男女問わず男性の声が聞こえます。しばらくして、誰かがブリーフを履いて少し汗ばんでいながらも満足してステージに登場すると、誰もが実際に何かが起こってステージ上でライブで上映されるのを見るのではなく、そこで起こったことの独自のバージョンを作成できます。こっちの方がずっと魅力的だと思います。

議論の中で議論しましたが、これについての私の考えは同様でした。今日のアマチュア俳優は「ブロー」、「バム」、「ファック」などの言葉を使うかもしれませんが、必要と思われる場合にはそのように劇を書くことは本質的に何の問題もありません。ただし、ほとんどの俳優は観客の前で演技するときに異なる用語を使用します。

私の作品ではこれらの単語は一切使用しません。この話題はすでに激しい議論を引き起こしており、人々は私の演劇の会話における私の過度に形式的な発音に疑問を抱いています。しかし、私の説明は次のとおりです。

「ぶつかるなど」は私の日常言語の一部ではありません。劇場でコメディーのパフォーマンスを見ている観客として、私は何が起こっているのかに完全に参加したいと思っています。俳優たちと一緒に暮らすこと。また、ステージの外で彼らに言われたことを頭の中でイメージします。誰かが買い物に行きたいときやシャワーを浴びたいとき。例えば;これは私の心の中で瞬時に起こります！

最初は驚くかもしれませんが、会話は私にも同じ影響を与えます。俳優が猫を殺したと言うとき、または誰かが銀行強盗をしたと報告するとき、私はこれらのイメージを想像します。小説を読むと、頭の中で小説の登場人物、場所、物体、出来事が想像の中に視覚化されるのと同じような効果が生まれます。

舞台上の女優の一人が「ああ、キッチンのテーブルで上司と気ままにやってみたいです」と言ったら、私はすぐにイメージを思い浮かべて、その言葉を聞いて大笑いするでしょう。しかし、代わりに「ああ、上司とセックスしたい」と言ったらどうなるでしょうか？

視聴者としてはショックだろうな。衝撃の瞬間は、多くの作品で強い影響を与える可能性があります。しかし、観客は舞台上の誰かに対話を通して衝撃を受けるよりも、頭の中で自分のイメージを作り上げて楽しむことを好むため、私の作品には彼らは決して登場しません。

それが私の見解です。ただし、あなたの考えが異なる場合でも、それを阻止する法律は存在しません。

プレイ制限について質問ですか?私は、男性に深く惹かれる女性を主人公にした、非常にスパイシーな内容を含むコメディを書いてきました。俳優は役柄の一環として服を脱ぐことができます。私だって、必要に応じて下着まで脱ぐかもしれません！しかし、おそらく次のシーンは近くの別の部屋で行われる可能性があるでしょうか?

さらに踏み込んで非常に乱暴な言葉を使用すると、観客はあたかも現実の中傷劇場のパフォーマンスを目撃しているかのように感じるでしょう。

コメディーは一定の基準とレベルを満たしている必要があります。適切なレベルの
エロチシズムを見つけて、自然に展開させましょう。視聴者に言葉の暴力を浴び
せかけないでください。この戦術は不必要であり、不必要です。
各幕の終わりには、観客が次のコメディの展開を待ちきれないほどエキサイティン
グなものにしましょう。各幕の終わりに、プロットが新たなクライマックスに達してい
ることを確認してください。
書くときは、舞台上の登場人物に必要な情報を考慮するとき、常に読者のことを考
慮してください。また、ダイアログ内のゲームの指示を見逃さないでください。これ
は括弧の間に表示されます。これらの指示は俳優にとって非常に貴重なものにな
ります。
ゲルダ：
正しい！マニはどこに行ったんですか？彼はもう搾乳を終えているはずです - もう
すぐ午後 8 時です (裏口に行って彼の名前を呼びます:) マンニ !!!（戻ってきて、
パンとバターを皿に塗り、チーズなどをトッピングします）

アルノ：（雑誌を興味深く読む）ということは、もう自分たちで掃除をする必要がなく
なるということですか？

ハインリヒ: いやあ！すべてが運河に消えてしまったようです。

アルノ: 牛が占めるスペースを見てください。

ハインリヒ: はい！赤ちゃんはそこで快適に感じ、結果としてより良い母乳が生産さ
れます。ゲルダ: なぜ、より広いスペースがより高品質の牛乳の生産につながるの
でしょうか？

ハインリッヒ: ゲルダ、古いガードルを履いているときに不快感を訴えることがどれく
らいありましたか？

ゲルダ: こんにちは、美しいです!!!

アルノ: （笑い）理解しやすいように、舞台上の俳優があなた、つまり著者から学び
やすくするために、ここでは私の演奏指示を斜体で書きました。彼らは、自分のセ
リフが何であるかだけでなく、いつ退場するか、いつ入場するかなどのジェス
チャー要件も学ばなければなりません。演奏指示を完全に省略しないでくださ
い。ただし、実行しすぎないように注意してください。

私の最初のアイデアに戻ります。レニと彼女の店、そして老人ホームへの強制送還を望む子供たちとのコメディです。このアイデアに魅力を感じ、それについて書いてもらいたい場合は、何が起こるかについて想像力を働かせてください。
初めての執筆の試みをお気軽に私に送ってください。正直に検討して返信させていただきます。私のウェブサイト www.Theater-Schmidt.de の法的通知に私の連絡先の詳細が記載されています。

第 9 章: その後も幸せに?

数々の古典劇(特に女性作家による劇)を観てきた観客は、若い女性と男性の最初の衝突から、「最終的にはお互いを手に入れることになる!」ということをすでに知っています。なぜ作者はそんなことをするのでしょうか?視聴者は最後に「幸せな結末」を見るのが好きなからですか、それとも作者がそれを作りたいからですか?最近の作品すべてではありませんが、以前の作品から次に何が起こるか知っているので、私は多くの作品でこれを自分自身で行ってきました。

私の文章は、それからいくらか距離を置いています。すべてがうまく終わる必要はない - それは非現実的ですらある - だから、最初はお互いを嫌っていても、劇の終わりには一緒になる二人の若い登場人物が、劇の終わりにお互いの腕に落ちて最終的に一緒になることができるなどと最初から考えないでください。結論。このようなことが起こる可能性はありますが、自分のストーリーを書いてください。「平和、喜び、パンケーキ」は現実には必ずしも存在するとは限りません。

誤解しないでください。視聴者は理想的には、劇の矛盾点のほとんどが解決された状態で立ち去ることを望むか、少なくとも結末後に何が展開するかについてのアイデアを持っているが、矛盾点がある場合は明確にする必要があります。たとえそれが関係者全員との宿泊施設に到達することを意味するとしても。しかし、聴衆を満足させる満足のいく解決策を見つけてください。私のコメディ「フリーズマン博士のプラクシス」を覚えていますか?

ハラルド・フリーズマンは何年もかけて本を書きましたが、出版社の関心がなかったため未出版のままです。そのため、彼の妻レナは、ある日、上の階に新しいテナントが引っ越してきて、彼女にも掃除婦としてのサービスを要求するまで、掃除婦として生計を立てなければなりません。ギセラは、彼女が「脳の配管工」と呼ぶ人物を見つけたと報告する。偶然にも、彼の姓はフリーズマンです。レナとハラルドは、彼の患者から混乱が予想されるため、そのことに不安を感じています。ホルスト・フリーズマン医師は通常、治療が必要な場合は1階を通り過ぎてくださいと主張しますが、ハラルドはすでにドアの1つから入っており、現在ハラルドの部屋の中にいます。ハラルドは自分にチャンスがあると認識し、切実に治療を望んでおり、そのために熱心に数百ユーロをテーブルに置いているこの男性の治療を開始しました。しかしその後、本物の精神科医が突然現れ、二人とも内因性精神病を患っているため、ハラルドに二人の治療を依頼する...。

この作品は混乱で終わるかもしれないが、視聴者は不満を感じずに帰るだろう。この作品の主人公は、ステージ上で起こったことを一緒に原稿を書くことで経済的な不安を解決している。

ハラルドは妻の影響でこの戯曲を書き、出版することになった。隣人は、ハラルドが医師免許を持っていないにもかかわらず患者を治療していることを知りました。彼らの怒りは旅行によって静まった。残念なことに、この劇の精神疾患の登場人物は誰も治癒しません。すべての「普通」のものも最終的には狂ってしまうのです！

ドラマツルク的に言えば、すべてが順調に進んでいます。主要な紛争は解決されていますが、新たな紛争が発生する可能性があります。したがって、この作品は明るい雰囲気で終わることができ、視聴者と登場人物の両方が満足しながらも次に何が起こるか不安を残すことになります。
私たちは皆、映画やテレビでこの経験を知っています。刺激的な映画を見ていると、突然終わってしまうことが何度あったことでしょう…
プロデューサーや脚本家は、物語を語るときにこのアプローチを頻繁に利用します。彼らはその物語の概要を説明し、間接的に結論を出すだけで、その主要な問題に対処しようと試みます。同様の戦略は演劇の舞台では適用されませんが、プロデューサーや脚本家は物語を語るときに同様の戦略を使用します。
しかし、劇にハッピーエンドを与えたいのであれば、それはまったく問題ありません。厳密なルールはないという事実を知っておいていただきたいのです。

出版社や団体は、原稿の最初のページで作品の内容を提示することを要求しています。それが執筆開始前、途中、または一幕の終了後であっても構いません。通常、出版社は演劇のプレゼンテーションのこの要素を変更しません。劇団は、チラシ、プログラムの小冊子、出版物の広告に、演劇のこの説明を頻繁に使用します。コンテンツは魅力的ですが、長さは DIN A5 1 ページ以内にしてください。どのように見えるかについての例をいくつか知りたいですか? - ここにいくつかのヘルプがあります:

アリダ・ニューマンはインゴとの結婚にもはや意味を見出せず、睡眠薬を服用して結婚生活を終わらせたいと考えている。インゴの間違った株式と大きすぎる住宅購入のせいで、彼らの経済的困難は制御不能になり、現在二人合わせて30万ユーロ以上の借金を抱えている。アリダは、インゴが最近女性からの手紙や電話を頻繁に受け取っているため、浮気をしているのではないかと疑う。こうした関係から生じる潜在的な訴訟から経済的に身を守るため、インゴさんはアリダさんに、生命保険会社からそれぞれ15万ユーロ相当の生命保険契約を4件取得するよう要求した。アリダは自分がインゴに殺されるべきだと信じており、計画が失敗に終わると自殺に訴える。しかし、インゴはこれとはまったく異なることを思いつきます。それは、彼の家を訪れることができる写真モデルをさまざまな新聞に広告し、直接招待することです。アリダとインゴは、少なくとも身長と体重の点でアリダのイメージをできるだけ近づけてから海外に行きたいと考えています。インゴはアリダに薬を飲ませてから、妻の車に乗せて急な坂道を下り、事故が起きた場合に備えて生命保険を請求する計画を立てる。その後、偽の事故で保険金を集めようと画策する。 - インゴはガビ・コッホという完璧な犠牲者を見つけました。しかし、インゴはガビにすぐに恋に落ち、代わりにアリダを車に乗せたいと考えて計画を変更します。殺害計画の直前に、ガビはアリダを通じて、インゴが自分を殺害するつもりだったことを知り、その知らせにショックを受ける。その後すぐに、アリダとガビは、インゴ自身を殺すのではなく、スヴェン(インゴの友人)が誤って飲んだ毒入りコーラでインゴを排除する計画を立てる前に、お互いへの愛を発見するのと同じくらいお互いを楽しみます...エルゼ・クラウトヴルストが名乗り出る... 遺体はすぐに埋葬できる場所を見つけなければなりません。

作品を読み進めるときは、最後の文が読み上げられるまで結末を明らかにしないでください。これにより、ゲーム　ディレクターの間で関心が高まり、読者が自分で印刷する前に結末を知ることなく、その作品が印刷される可能性が高くなります。次の提案も考慮してください。

アンナ・タルマンさんは 18 歳の娘の母親で、平日は外で働き「良い賃金」を稼ぐ夫 1 人と、週に 1 ～ 2 日一緒に過ごす 2 人の「親友」と暮らしています。
彼女は何時間ものゴシップを共有し、両方を監視していると信頼されている鳥に最も親密な問題を打ち明けました。彼女の賃貸アパートは広くて設備が整っているが、彼女自身は深刻な病気を経験したことがない。すべての兆候は、並外れた女性であることを示しています。彼女は日々の葛藤のせいで、思いやりのある母親や妻としての役割を担っている自分が無力で、家族からも見捨てられていると感じています。エルヴィンは妻に対して不健全な態度を取っています。週末に家にいるとき、彼は彼女と一緒に時間を過ごすよりも、フットボールの試合を見たり、スケートの試合に参加したりすることを好みます。アンナは、過食にふけることで自分のフラストレーションを内面化するようになり、その結果 20 キログラム以上太ってしまいました。しかし今、アンナは何かを変えたいと考えています。彼女は、テレビ ショップでフィットネス器具を注文し、体操のグループ セッションに参加し、ソーニャからメイクのアドバイスを受けながら、結婚生活の火を簡単かつ迅速に再燃させたいと考えています。しかし、彼らの計画は依然として複雑で複雑です。ある日、アンナの洗濯機が故障すると、ムスタファ・ユルディスが修理にやって来て、アンナはすぐに魅了されました。彼は彼女を忘れられない「トルコ」の夜に招待します。アンナは彼の魅力に屈するのか、それとも自分の人生を自分でコントロールするのか?

ここでも、私たちは解決策を知ることなく、内容と対立を明らかにします。同様に、あなたの作品もこれに従う必要があります。
どの劇にもタイトルが必要なので、名前を付けるのが難しい場合があります。理想的なタイトルは、番組について何かを明らかにすると同時に、ポスターや番組の小冊子を読んだときに視聴者を魅了するものでなければなりません。タイトルは 1 つの単語だけで構成される場合もあれば、質問である場合もあれば、全文が含まれる場合もあります。ただし、私は通常、長いタイトルは避け、例として次のようなより曖昧なバージョンを好みます。
非常に裕福なリタとウルフェルト・ブラウアー夫妻は、息子のハイナーとともに最近都会から田舎に引っ越してきました。ご近所さんたち。
ディークマン夫妻のヘイコ（労働者）とゲシーネ（主婦）は、劣悪な環境にもかかわらず「質素な」生活を送っている。しかし、彼らは生き残るためにあちこちで犠牲を払わなければなりません。それでも健康で人生に満足していること。リタ（美容師）とウルフェルト（編集長）は、自分たちが優れている証拠として、日々近所の人たちにその存在感を示しています。マリオン・ディークマンがアラバマから帰国すると、家族間で口論が起こる。オペアとしてドイツで 1 年間過ごした彼女は、アフリカの医学生ジョニーを紹介して戻ってきたとき、最初は誰もが残念がっていましたが、全員に衝撃を与えました。これはブラウアー夫妻にとってはあまりにも多すぎることが判明した。両家族は現在、卑劣な陰謀や攻撃を通じて互いの生活を困難にしようとしており、法廷での和解に至っている。最終的には、彼らの敷地の間に高いフェンスが設置され、彼らをさらに分離することになりました。ゲシーネが再びウルファートを攻撃すると、ウルファートは心臓発作を起こしますが、ジョニーだけが彼の命を救うことができます...

内容的には、物語のプロットは非常に明確です。その中心には2つのまったく異なる家族があり、性格的にも経済的にも違いがあることがわかります。それがまさに私がタイトルで表現しようとしたものです - ここですべてを見つけることができます。視聴者には、私のタイトルによって 2 つの非常に明確な対照がここで強調表示されます。これは大まかに翻訳すると「メットヴルストのパンとキャビア」となります。どちらのアイテムも直接食べる俳優はいません。この両者の違いはタイトルによってのみ存在します。
メノとマチルデ・グルーベンは、2人の子供ヘニングとアネットを連れてエジプトでの4週間の休暇から戻り、イースターのお祝いを心待ちにしています。しかし、帰宅すると郵便受けに公益会社からの督促状が山ほど届いていることに気づき、銀行に電話すると口座から3万ユーロが引き落とされていることを確認する。誤った予約がこのエラーの原因となっている可能性があるため、銀行員は休暇から戻ったらすぐに問題を解決したいと考えています。

この劇では、家族が意図せずに 1 週間自給自足の生活をすることに挑戦します。では、この作品のタイトルは何になるでしょうか？
「ロビンソン・クルーソーがよろしくお伝えします。」それはぴったりですよね?!
そして最後の例:
内容: ニコとシルビアのシュレーダーは結婚一周年を祝います。ニコは、丸一年失業中であり、シルビアが二人の養育費を稼がなければならないにも関わらず、妻が自分のもとを去らなかったことを喜んでいる。ニコは日刊新聞でコーヒー会社からの魅力的な求人情報を読み、すぐに電話で応募し、すぐに採用が決まりました。しかし、約束のコーヒーのサンプルを受け取る代わりに、数日後にエロ雑誌が突然彼の家に届き、ニコはこの矛盾をどう説明したらいいのか困惑する。シルビアはニコに激怒する。彼女は妊娠のため、彼の代わりが必要だと考えている。彼の義母も引っ越してきて、彼と深刻な問題を抱えているため、事態は悪化するばかりです。ニコはEROが現れるまではすべてが解決したと思っていた。その後、すべてが再び不明瞭になります。

このタイトルは、この作品に関わる2社、高級ロマンチックオアシスとティマンコーヒーの頭文字を組み合わせて「ERO-TI-KA」を造ったものです。セックスがこのコメディの核心であるため、このタイトルは完全に理にかなっています。

インゴ・サックスは、コミュニケーションや連絡を取ることができない緘黙症に苦しむ若い女性について、非常に巧妙な戯曲を書きました。「アマニタ」と呼ばれるその主演女優セリアは、インゴ・サックスによるこの 4 人組の作品でのこの役で有名になりました。ご覧になれば、なぜ作者がその名前を選んだのかがすぐにわかります。インゴ・サックス、彼の素晴らしい偉業に感謝します！

タイトルを決める際は、あまり考えすぎないでください。　　「金錨の宿」、「ジュビラム」、「パドヴァの星」、「密輸兄弟」など、受賞歴も多い人気の戯曲には、単に出来事が起こった場所を指す、または説明するタイトルが付けられています。何がそれを動かしたのか - それは完全に受け入れられます！
しかし、舞台作品の中にはつまらないタイトルのものもあります。私が知っている、単に「演劇」と呼ばれる作品では、そのドラマツルギーや内容を考えるときに、想像力や創造性の余地がほとんどありません。
作品が完成したら、または執筆中に、その名前を自然に決めることができるかもしれません。しかし、あなたのプレイのためにタイトルを検討する際に利用できるいくつかのオプションを概説して、タイトル選択に関する議論を終えたいと思います。想像してみてください。友達と話しているときに、詩や小説の素晴らしいタイトルになりそうなランダムな単語や文章が出てくることがあります。

このことを考慮。このようなタイトルを読んだり聞いたりすると、まったく新しいものが現れます。アイデアとプロットを策定してからタイトルを後で付けるということはもうありません (ほとんどの劇が進行する方法です)。むしろ、タイトル自体を決めることから始めて、そこからそのアイデアに基づいてストーリーを作成していきます。これらのタイトルを見ると、すぐにカバーできそうな 100 個のことが思い浮かびます。あなたもそう思いませんか？
このバリアントも自由に試してみてください。ただし、ここで書いたタイトルは、今後数か月間私の執筆に組み込む予定なので、使用は避けてください。

第 11 章: 完了! - 次はなにかな？

文章を書くときは、執筆活動の結果として考えられるすべての結果を考慮する必要があります。小説家は書店で購入できる読者に向けて本を書きます。ここには出版社や印刷会社も関与します。演劇や上演を目的とした戯曲の場合は、劇団が上演する可能性が高く、その原稿はどこにも購入されず、いずれにせよ簡単に読まれることはありません。演劇や小説を書くときは、これらの要素をすべて考慮する必要があります。

劇が完成し、自信を持って出版できるようになったら、検討のために 1 つ以上の出版社に提出します。まずは適切と思われるものを 1 つだけ選択することから始めることをお勧めします。レビューには時間がかかる場合がありますが、通常、作品の特定の部分を修正するための提案や、編集者による特定のシーンの批評が含まれます。最終的に出版社は原稿が入手可能になると返送します。

あなたのリクエストは私たちの検討対象外でした - ありがとうございました。」。残念ながら、このような拒否の手紙には、なぜこのようなことが彼らにとって選択肢ではなくなったのかについての詳細は記載されていません。このようなことが起こっても、すぐに希望を失わないでください。演劇出版社からの拒否反応は、あなたの作品がひどいということを示しているわけではありません。舞台を観ている観客の立場になって、もう一度じっくり読んで、自分が観客として体験していることを体験してください。他の劇場出版社に再度提供する前に、徹底的に改訂する前に、その効果を最大限に発揮してください。しかし、私は完全に率直に言いたいのです。編集者から何の説明もコメントもなしに作品が拒否された場合、それはそれが本当に悪かったことを意味するに違いありません。なぜなら、どの編集者も同じだからです。全体的には良いと思われる場合でも、気に入らない点を説明するのに多大な労力を費やします。出版社からの批判により、修正や編集がはるかに簡単になります。そのため、出版社がその必要がないと言う場合は、ただその答えを受け入れて、執筆内容を進めます。誰かが改訂の必要はないと言う場合、その理由を尋ねないでください。出版社はよく知っています。これが複数の出版社で発生した場合、最終的には、自分が書いた内容が特に高品質ではない可能性があるという事実を受け入れなければなりません。おそらく、書くことがあなたの得意分野ではないか、芸術形式としてあなたに合っていないだけかもしれません。執筆活動のどこかの時点で、自分自身に正直になり、この事実を認識することが重要です。文章を書くこと自体以外に、まだ知られていない才能があるのではないかと推測することもできますが、ここで重要なのは、それについてではなく、自分にはできると信じており、試してみたいと思っているということです。

それがコメディー、ドラマ、茶番劇、犯罪小説、複数幕劇、または単なる短いスケッチであっても、標準ドイツ語で書くか方言で書くかは完全にあなた次第です。事実は変わりません。あなたの作品はまず編集者を説得する必要があります。あなたの作品がエラーがなく一貫性があり、「エキサイティングな」プロットを持っている出版社を選択しました。糸を失うことはなく、プレイ可能であり、必要に応じてステージを提供するだけでなく、彼らに適しています。

あなたの演劇は、それを演じる人たちに向けたものでなければなりません。そうしないと、どの出版社もそれに署名することはなく、ステージから関心を持たれずに何年も埃をかぶったまま放置されることになります － そしてそれはあなたが望んでいないことです!

出版社からメールを受け取り、編集者があなたの作品を精査し、必要な変更についてフィードバックを提供したことがわかったとします。しかし、おそらく彼らは、あなたが送ったものを正確にプログラムに適合させるために、何を変更する必要があるかも言及しました。

あなたならどう答えますか？ － 私も想像できますが、よく知らない編集者の文章や批評を読むと、多くの場合非常に直接的で、ショック、攻撃、怒りを引き起こす可能性があります。「この作品は素晴らしいです － 彼は何を考えていたのですか?」...最初の小説の出版社を見つけるのはしばしば困難であるため、これらすべての文はあなたにとって問題になる可能性があります。

そんなふうに考えて腹を立てるのはやめましょう。編集者は神ではありません。編集者は自分の意見を提供するだけです。それでも、編集者の仕事に関する知識を尊重し、自分の作品に対するあらゆる批判を受け入れる必要があります。批判を受け入れるときは、特に批判された特定の点に関しては、自分自身を合理的に受け止めてください。あなたの反対にもかかわらず、編集者のアドバイスに従ってください － やがて、あなたはその知恵に気づくでしょう!

私の47番目の作品「シェ・アンドレへようこそ」は、クリストフ・ブレドーとの共作で検討のために2つの出版社に提出されましたが、きわどすぎるという理由で拒否されました。私たちが彼らの手紙を読んだとき、私たちは唖然としました － この記事の内容はここで見ることができます:

アンドレ・ランブレヒトとフランク・ワッテンフォールは株式市場ですべてを失い、現在失業中で、費用を抑えるために2部屋のアパートを一緒に借りている。残念ながら、雇用の機会はまだ現れていないため、彼らはすでに家賃の支払いを済ませています。

家主のエルフリーデ・クラウゼは、仕事を見つけるか家賃を支払うよう1週間の最後通告をする。そうでなければ、彼女は彼らを追い出したいのです。アンドレはインスピレーションを受けたアイデアを思いつきました。二人は協力して、「ようこそシェアンドレへ」で女性向けのコンパニオンおよびエスコート サービスの提供を開始します。交際、食事、マッサージを求める女性にすぐに受け入れられます。しかし、家主のエルフリーデ・クラウスとティナがこの行為を阻止するためにあらゆる手を尽くしたため、事態は予想を超えて急速にエスカレートします。それでも二人の間には愛が続いています...

ここでは、最も古い貿易がその伝統的な役割を逆転させて非常にユーモラスに描かれており、今日人々がお金を稼ぐためにどこまで行くかを示していると同時に、女性が男性と充実した時間を過ごすためだけに喜んでお金を払っていることを示しています。私たちの印象では、これは男性の肌に浸透しており、ある人が彼女からの支払いに耐えられなくなって顧客に恋に落ちたことが証明しているように、ステージ上では非常に人間的な行動を示しながら、素晴らしい劇的なエンターテイメントを提供しています。さらに、かなり激しいシーンも多かったです！ただし、出版社にとって行き過ぎたシーンを「緩和」する必要がありました。そしてある出版社はこの改訂版を自社のプログラムに組み込みました。私たちのオリジナルの作品が受け入れられなかったことは残念でしたが、編集者が自分の気分だけで読んでしまうこともあります。そうは言っても、それに対処しなければなりません。

出版社からそのような手紙を受け取ったとします。
それで、あなたは仕事に戻ります。編集者からの手紙にイライラするのではなく、もっと素晴らしいものを作成するためのエネルギーと楽観主義に満たされています。おそらく、変更を加えていくうちに、それが劇的に改善されたことに気づくでしょう。あるいは、以前にどこで間違いがあったかをより明確に認識できるようになるかもしれません。
見直しのために 2 時間を確保してください。出版社があなたの原稿を読んで間違いを指摘した可能性があります。したがって、2 回目に提出するのは、すべての批判点が解決された場合のみにしてください。

さあ、事態をさらに良くしましょう。あなたの戯曲が史上初めて出版されるという知らせを受け取ることを想像してみてください。それはなんと信じられない気持ちでしょう。少なくとも、あなたはとてつもないハードルを乗り越えてここまで来たのです。それは成功とみなされますか?もちろんです　-　ですから、ここですでに達成されたことを誇りに思うことを自分自身に許可してください。
戯曲を出版したら、出版社と契約を結ぶ以外にできることはあまりありません（契約については第　12　章で詳しく説明します）。毎年、劇団に直接送られるカタログを通じて、または出版社があなたの作品を提供してくれることを願っています。出版社の Web サイトなどのオンライン出版プラットフォーム。
次の課題は、あなたの作品を演劇グループに届けることです。プレイグループは、多くの場合、出版社に視聴プログラムを注文します。ゲームディレクターがあなたの作品を面白いと感じて、多くの劇場があなたの出版社に視聴プログラムを注文できたら素晴らしいと思いませんか?残念ながら、あなたの不満はわかります。残念ながら、どの段階であなたの作品が閲覧されたかはわかりません。通常（出版社によって異なりますが）、作品を選択した後でのみ、パフォーマンスグループの場所やパフォーマンスの日付などの詳細がわかります。

あなたの作品が初めて演奏されるとき、私たちはこれを初演または初演と呼びます。そして多くの場合、その著者であるあなたは、この歴史的重要な行事に出席するよう招待されます。そして、そのような申し出を断るべきではありません。キャラクター、ストーリー、コンセプトが目の前で生き生きと動き出すのを見るのは、本当にエキサイティングです。私を信じて;私は経験から知っています。もしかしたら、グループはあなたの作品を期待どおりに実行しないかもしれませんが、結果が何であれ、関係者全員にとってドラマがさらに増えるだけです。

あなたも興奮していますか？ただし、グループがリハーサルは楽しかった、劇の演出も楽しかったと報告した場合は、マスコミの批評が好意的で、視聴者数が一致すれば、作品は計画通りに進み、それを個人的な成功としてカウントできます。

第 12 章: 作品と契約に「適切な」出版社を見つける

小説の本棚をめくれば、数多くの出版社が出版されていることがすぐにわかります。残念ながら、劇作家にはそれほど多くの選択肢がありません。しかし、非常にリーズナブルな条件で私たちの戯曲を出版してくれる演劇出版社があり、中には非常に優れた成績を収めている出版社もあります。こういった出版社の編集者との関係を築くことが重要だと思います。まず、利用可能な出版社をオンラインで参照し、どの出版社があなたの作品に最適であるかを判断することをお勧めします。私は当初から低地ドイツ語の作品だけでなく方言の作品も書いていたため、フェルデンのマーンケ・フェルラークでは、低地ドイツ語の舞台劇の最大の品揃えを提供していました (www.Mahnke-Verlag.de)。私の作品のいくつかは今でもそこにあります。

しかし、低地ドイツ語の作品や方言作品を専門とする出版社もあります。 2008 年以来、私の作品のほとんどはボンの Plausus Theaterverlag (www.Plausus.de) から低地ドイツ語版と高地ドイツ語版の両方で出版されています。

インターネットで出版社を検索すると、ミュールタールのライナー出版社 (www.Reinehr.de)、ドイツの劇作家ノルダーシュテットの営業所兼出版社 (vertriebsstelle.de)、リーダー劇場出版社ヴェムディング　(Theaterverlag-Rieder)　など、他にも出版社がいくつか見つかります。 .de)など多数あります。ただし、特定の出版社は児童劇やドラマなどの特定の分野に特化しています。

どの出版社があなたにとって最適であるかはわかりません。私に言えることは、私は何年もの間、ボンのプラウス＝フェルラークとフェルデンのマンケ＝フェルラークと緊密に仕事をして楽しんでいるということだけだ。

しかし、私にはいくつかのネガティブな経験もありました。

演劇出版社を設立する際に考慮すべきこと、優先すべきことは何ですか?当初は8歳の子供が法的紛争を主導した。それでは、演劇出版社の所有権に関する決定を下す際に不可欠な要素は何でしょうか?

著者として、編集者や出版社の従業員と強い絆を築くことが重要です。どの劇団も出版社に対して苦情を申し立ててはなりません。その後、あなたの作品は出版社に転送され、出版社はそれを公平に提供し、劇団を公正かつ公平に扱わなければなりません。演劇団体があなたの戯曲の出版方法について出版社に対して批判の声を上げた場合は、直ちに対処するための措置を講じてください。品質上の懸念により、あなたの作品が複数年にわたって段階的に受け入れられなかった場合。ただし、間違いがあなた自身ではなく彼らにある場合は、遠慮なく声を上げてください。
出版社のウェブサイトでは、その作品について多くのことが語られています。主に演劇グループを対象としていますが、著者も楽しく閲覧できる、簡単に理解できる演劇ページを見つける必要があります。
ウェブサイトをゆっくり閲覧してください。多くの場合、メイン　ページだけで発行者について多くのことが明らかになります。

パフォーマンス規制だけを設けた出版社の冒頭ページが衝撃的であると感じた場合、それはそのオーナーについて雄弁に物語っており、この出版社に対する否定的な感情を示している可能性があります。あなたもそのような出版社に魅力を感じるとは思いません。したがって、そのような出版社は避けるのが最善です。

どの出版社に依頼するか決めるのが難しく、オンラインだけでは十分ではないと決断するのが難しい場合は、出版社に直接電話して、電話で作品の出版を検討してくれるかどうか問い合わせてください。こうすると、また違った印象が生まれます。電話の相手にプロフェッショナルではなく失礼な人がいる場合は、今後の取引でそのように扱ってもらいたいかどうかを考えてください（劇場出版社の編集者だと自称しているにもかかわらず、「初演」のスペルに「」を付けている人に遭遇しました）「信じてください - 嘘でもありませんでした!)。

出版社の　Web　サイトにアクセスし、出版する書籍のデータベースを検索して、その出版社があなたの原稿に適しているかどうかを確認します。たとえば、低地ドイツ語のマンケで何かを書いた場合は、Plausus または VVB が最適な選択肢となるでしょう。ただし、このプロセスには回答が返されるまで時間がかかる場合があるため、しばらくお待ちください。ただし、出版社によっては作品の受領をメールで確認する場合があります。他の人が電話または電子メールであなたに連絡する場合があります。しかし、数か月経っても確認が取れなかったら、私は彼らに原稿の返却を要求するでしょう。演劇出版社は、毎日大量の原稿を受け取っているが、返事をする時間が十分にない、と主張しているようだ。　(他の出版社は別のことを主張するかもしれません。)　他の劇作家を知っている場合は、どの出版社と協力しているかを調べてください。一般に、1 つの作品を出版する場合、1 つの出版社にのみコミットします。後続の作品は、必要に応じていつでも他の場所で提供できます。

山版社が見つかり、あなたの原稿に関心が集まると、契約書が作成され、両当事者が署名する必要があります。各契約は若干異なる場合があります。

心配無用！個々の出版社は注目しません。それよりも重要なのは、著者と出版社の権利と義務を定義することです。財政や期間についても議論します。

著者として、ラジオやテレビでの録音、映画の制作、他の言語への翻訳に必要な権利を出版社に付与することのみが適切です。ただし、あなたはオリジナルの作成者であることに変わりはなく、単に使用権を譲渡するだけです。契約書の内容があなたの承認を満たさない場合は、その旨を通知し、修正の可能性について話し合ってください。それに応じて、1 つの段落や規則が変更される可能性があります。

当然のことながら、ロイヤルティの分割はあらゆる契約に不可欠な要素であり、通常、著者が 70%、出版社が 30% を受け取ります。
期間と終了の権利は、契約において難しい議論のポイントになる可能性がありますが、私は常に契約に期間とキャンセルの権利に関する明確な詳細を含めるようにしています（例：毎年12月31日、3か月の通知期間、キャンセルされない場合は自動更新）。
ただし、注意してください。契約書にその期間に関する情報がなく、法的保護期間についてのみ言及されている場合、それはあなたの原稿が著作権の対象となること以外の何ものでもありません。つまり、あなたの死後まで(70)死後何年も！）。私は、3 年から 5 年継続し、その後は毎年自動更新される契約にのみ署名することをお勧めします。5 年後に終了した場合でも、寿命が尽きるまで義務を課すのではなく、受け入れられるべきです。

契約期間については必ず詳しく記載してください！

1990年に最初の作品の出版社を探していたとき、私はパフォーマンスグループのリーダーが私の作品を受け入れる日付や期限を指定せずに契約書に署名し、各作品がこの出版社によって完全に拒否された後に署名しました。これが再び起こり、パフォーマンスグループのリーダーがあなたに連絡して、これらの契約を理由にパフォーマンスを拒否した場合（私の場合に起こったように）、あなたの手は彼らによって完全に縛られ、この間違いにより、あなたは免責されるために弁護士と8年間戦うことを余儀なくされます。 2008 年 4 月 1 日、ついに私たちは勝利し、脱出することができました。体力も神経も必要でした。

賢く、「優れた」出版社を選択してください。

第 13 章: 財務

劇作家のキャリアがどれくらいの収入を生み出すか考えたことはありますか?この答えを正直に発見するチャンスがここにあります。兵士や労働者が賃金を受け取るのと同じように、劇作家は作品を出版した出版社を通じて印税を受け取ります。お金が支払われるのは、演劇グループが演劇を上演し、シーズン終了後に出版社との清算が完了した場合のみです。このお金がいつ、どのくらい早く届くかについては、時間がかかる可能性があります。劇団との和解後即座に著者との清算を行う出版社もあれば、四半期ごとに印税報告書を送付する出版社もあれば、必要に応じて年次報告書を送付する出版社もあります。

これはどのように計算されますか?あなたの演劇を観に行くすべての観客は入場料を支払わなければなりません。プロやアマチュアの劇場を定期的に訪れる人なら誰でも知っていると思いますが、公演の頻度、使用される講堂のサイズ、座席ごとに請求される入場料の点で、団体によってかなりのばらつきがあります。私の知っている団体では、100 人の観客を収容できる部屋で 3 回の公演しか上演しません。 1 人あたり 4 ユーロの料金で、数週間にわたって 350 人のゲストを収容できる 40 回のパフォーマンスを行う公演は、1 回あたり約 12 ユーロです。そして、プロセスは終点なしで続行されます。

1. 演劇グループが観客 1 人あたり 5 ユーロの入場料であなたの劇を 5 回上演し、毎回完売したと想像してください。このパフォーマンスだけでの総収入は 2500 ユーロで、10% または 250 ユーロが出版社に支払われます。この合計のうち 70% があなたに返されるか、175 ユーロがこのグループからの支払いとしてあなたのポケットに直接返金されます。

なぜ「だろう」と書いたのでしょうか?通常、出版社は収入が一定の金額 (最初の例では約 70 ユーロ) を下回った場合に支払わなければならないパフォーマンスごとの最低料金を設定します。この例では、このグループはこの最低しきい値に達しないため、パフォーマンスごとの最低料金を満たさないため、70 ユーロを支払う必要があります。つまり、350 ユーロはそのまま出版社の金庫に戻り、そのうち 70 ユーロはあなたにとって 245 ユーロの価値があることになります (70/20= 245)

多くの劇団がこの規制について不満を抱いていると聞きます。特に「小さな」ステージでは、それが非常に煩わしいと感じる傾向があります。しかし、出版社はこの協定がなければ多額のコストを課すことになり、この枠組みなしでは生き残ることはほぼ不可能になるでしょう。したがって、これは私たち著者にも利益をもたらします。私を信じて;この規制がなければ、すべてのステージで 1 回の公演につき 30 ユーロか 40 ユーロしか支払わないことになるでしょう。

ステージは文句を言うべきではないと思います。どれだけお金がもたらされても、90％は結局自分たちのグループに留まるのです！それは公平だと思われます！
2. 例: 劇場の座席数が 1000 人であると仮定します。パフォーマンスが行われた 16 の異なる日付で、1 人あたりの入場料は 12 ユーロでした。合計 12,454 人の観客が視聴することになります。

素敵ですね?まあ、願っています！残念ながら、私はあるグループからそのような金額を受け取ったことがありません。しかし、ここでの私の目的は、段階ごとに請求額がどのように異なるかを説明することです。あるグループからはわずか 70 ユーロ、別のグループではほぼ 1000 ユーロを受け取ることもあります。

高地ドイツ語で書かれた記事を出版し、それを低地ドイツ語または他の言語に翻訳するよう翻訳者に依頼した場合、当然、その人は印税を受け取るべきです。結局のところ、彼らはそれを翻訳するために多くの作業を行ったのです。彼らのシェアは通常 20％ です。

演劇を作るときにどのくらいの収益が得られる可能性があるかがおおよそわかったので、満足していただければ幸いです。

第 14 章: 一人で書くのか、それとも一緒に書くのか?

約 3 年前、エルケ シーマースが再び彼女の人生について話すために私を訪ねたとき、私はすでに 40 の複数幕の演劇を完成させていました。彼女は並外れた小児科看護師であり演劇教師でもあり、非常に魅力的でユニークな方法で物語を語るので、常にフィルムに収めるべきです。彼女の話を聞くのは本当に楽しいです。数年前、私たちは一緒に素晴らしい物語を作れることに気づきました。はい、1 時間想像力を働かせておけば、ほぼ瞬時に完全な劇が浮かび上がります。残念ながら、最初は私たちの頭の中だけでした。その後、多くのアイデアはすぐに放棄されました。ある時点で、彼女が非常に刺激的で感情を揺さぶる話を持っていることが明らかになり、その多くは彼女の個人的な経験からのものであり、それが何かにつながるだろうと私は確信していました。

ここで、「一緒に書く」という、一緒に書くことがどのように機能するのか疑問に思われるかもしれません。その時点まで、私は 2 つのアプローチに遭遇しました。エルケはすでに、絵画、舞台でのパフォーマンス、詩の執筆、短編小説の執筆、演劇など、数多くの作品を完成させていました。彼女は自分自身でもそれを試みました！その時までにエルケは多くの絵を描き、詩や短編小説を書いていたが、対話形式の文章は彼女の得意分野ではないとして拒否した——彼女の言葉によれば。

これが私にとって共同執筆の初めての経験でした。 2008年の春までに、私たちは再び共同作業を行いました。今回はクリストフ・ブレドーを私の共作者として迎えました。
クリストフとの執筆は非常にユニークでした。ある時点で、私たちは演劇について話し合い始め、2人の若い男性が自分自身を「男娼」として提供するコメディーのアイデアを思いつきました。 （このアイデアは、クリストフとの以前の執筆セッション中に思いつきました。）私は以前、このコンセプトをフィーチャーした別のコメディ脚本を書きました（詳細については、前のセクションを参照してください）。
私の戯曲のタイトルが、書く前に思い浮かんだのはとても興味深いものでした。
「シェ・アンドレへようこそ」。当初、このショーを「シェ・ロジェ」と呼ぶことを検討しましたが、舞台上で頻繁に繰り返す必要があるため、このショーを演じる俳優にとってはいくつかの困難が生じた可能性があります。終了直前にロジャーからアンドレに変更しました。クリストフはライン下流域出身で、本職は看護師として働いています。熱心な映画ファンである彼は、自宅を実際の映画館に似せたものにしています。活動としての演劇には非常に興味がありますが、おそらくこの職業に向いているわけではありません。最初から、彼はこの作品を一緒に書く必要があることを知っていました。つまり、一緒にコンピューターの前に座って執筆し、入力しながらプロットを考えることを意味します。最初は私にとっては見慣れない、見慣れない文体でした。時には編集者から私が同意しない提案が来ることもありましたが、その逆の場合もありました。彼のアイデアが行き過ぎたとき、私は時々彼の熱意を抑えなければなりませんでした。しかし、多くの場合、彼は私が自分では決して書けなかった、素晴らしく洞察力に富んだものを書きました。多くのシーンは、このコラボレーションによってのみ強化されました。そして私たちはその結果を誇りに思うべきだと信じています。少なくとも私たちは二人とも「シェ・アンドレ」に非常に満足しており、終わった後も打ち切りにはしないことに決め、現在は2本目のコメディ「Four Hands for an Udder」に取り組んでおり、できれば2008年の秋までには完成するはずだ。

このように、他の人と一緒に音楽を書くにはさまざまなアプローチがあります。カップルで全体の作品を作曲する場合は、どちらのパートナーも時々単独で作品に取り組むことはパートナーの一方または両方にとって不公平であるとみなされる可能性があるため、犠牲にならないように注意してください。
一緒に書くほうがいいですか、それとも一人で書くほうがいいですか?どちらも自分にとって最善のことを先延ばしにすべきではありません － 一緒に書くことを妨げませんが、一人で書いても同じように機能することを強調したいと思います － 今回も必ず 50 作目の作品をソロで書きます!一緒に書くときも、一人で書くときも、自分なりの方法とスタイルを見つけてください。

終わり